编委会成员

主　　编: 丁家桐

执行主编: 卜纹宗　慕相中　史居华

编　　委: （以姓氏笔画顺序排序）

卜纹宗　马育平　史居华　杨小扬　沈建南

茆卫东　徐颖宏　曹如诚　程　祥　慕相中

萧平与扬州

翰墨缘 桑梓情

薛永年题

丁家桐◎主编

广陵书社

图书在版编目（CIP）数据

　　翰墨缘　桑梓情：萧平与扬州 / 丁家桐主编. -- 扬
州：广陵书社，2023.12
　　ISBN 978-7-5554-2052-1

　　Ⅰ．①翰… Ⅱ．①丁… Ⅲ．①萧平—事迹②汉字—法
书—作品集—中国—现代③中国画—作品集—中国—现代
　　Ⅳ．①K825.72②J222.7

中国国家版本馆CIP数据核字（2023）第227914号

书　　名	翰墨缘　桑梓情：萧平与扬州
主　　编	丁家桐
责任编辑	金　晶
封面题签	薛永年
封底治印	郭剑峰
封面设计	傅　翔
出 版 人	曾学文

出版发行　广陵书社
　　　　　扬州市四望亭路 2-4 号　　　　邮编　225001
　　　　　（0514）85228081（总编办）　85228088（发行部）
　　　　　http∥www.yzglpub.com　E-mail：yzglss@163.com

印　　刷	无锡市海得印务有限公司
装　　订	无锡市西新印刷有限公司
开　　本	787 毫米 ×1092 毫米　1/16
印　　张	13.75（插页 3 幅）
字　　数	250 千字
版　　次	2023 年 12 月第 1 版
印　　次	2023 年 12 月第 1 次印刷
标准书号	ISBN 978-7-5554-2052-1
定　　价	128.00 元

序

萧平先生藏印中，有"生于山城，长于石城"之说，余不辞冒昧，续以四字："根在扬州。"续貂之举，理由有三：其一，先生祖籍扬州，常自称为扬州人。其二，先生多年来往返宁扬，与扬州艺坛诸君子作忘年交，长者如父祖辈之江翁轸光，幼者如儿孙辈之沈君建南，朝夕过从，切磋文艺，声气相投，亦师亦友。其三，先生面世之艺术佳作中，往往隐见山水画中之石涛笔意，诗文长跋中之八怪余风，诸体书法中之金石趣味，不乏扬州元素。先生关切扬州，推崇扬州，以扬州为荣；扬州人，特别是扬州艺坛中人以能与先生为伍为幸。应当说，这是理也、情也、缘也。

今日萧平，并非仅仅属于扬州。先生在中国艺坛之定位，应当是"集鉴赏、书画、诗词、文论于一身的学者型艺术家，堪与比肩者，似乎很难数出第二人"（贾德江语）。名重当代，艺坛翘楚，但称之为"扬州萧平"，亦不为无因。好人、善人、能人、贤人，人争宝之，也是常情。先生终成大器，应当说，得之于阅历之丰，见识之广，师友之多，从业之勤，加之大雅斯文，风流倜傥，有人称之为"当代唐伯虎"，有人又称之为"江南启功"。扬州艺坛有这样的朋友，真是幸何如之。

忝属扬州文艺界一员，有幸应卜君纹宗之约，略书敬仰之情于此册端，不胜荣耀之至。

壬寅春月　丁家桐

时年九十又二岁

目　录

二分明月故人情

丹青唱和翰墨缘

先贤诗赠

附　录

萧平题匾额楹联

绿扬城郭
是吾乡

LVYANG CHENGGUO
SHI WU XIANG

《扬州书画三百年》序

萧 平

　　烟花三月下扬州。下扬州看似锦繁花，看如画烟景，更要认知扬州的历史，感受扬州的人文。

　　作为扬州人文重要部分的书画艺术，近三百年间名家辈出，佳作累累。清初，扬州与金陵、新安并为画坛革故鼎新派的基地，石涛、程邃、查士标等大家居于此，活动于此。潘天寿说："石涛开扬州。"石涛的实践与理论，孕育了扬州人对于文人艺术的审美情致，促成了"扬州八怪"划时代的辉煌。"八怪"并非一说，亦不止八人，此处所展者约略十五家。删繁就简，标新立异，他们把标举"士气"的文人画推广普及到民间，已经具备了一个影响深远的画派的势头。

　　在扬州，禹之鼎的肖像写真，可谓独步天下无敌手；萧晨之作在宋代院体的矩矱中隐含着文人的精蕴；王云和李寅开辟了界画山水楼阁的新风，方有了"二袁"的硕果；癫道人的纵横恣肆与顾符稹的细入毫发，形成有趣的对照……

　　清末，扬州画坛还出了追寻石涛笔墨的虞蟾与全能大匠陈崇光，他们皆曾是太平天国壁画的主力；僧虚谷与倪墨耕，更直接介入了海上画派，影响了"八怪"之后的一大画派的崛起。

　　三百年的画坛遗痕，留在这百件佳作之中，他们来自诸多藏家之手，有的甚至远涉重洋而至。这是一次书画的雅集，视觉的盛宴，装点着古城扬州的盛世春光。

二〇一九年四月

领异标新二月花

——"扬州八怪"琐谈

萧　平

　　清代康熙、雍正、乾隆三朝，政局稳定，经济繁荣，可谓盛世。位于长江之北、淮河之南的扬州，西濒运河，东临大海，因得交通之便利，盐业极盛，漕运发达，成为东南一大都会。经济的发展，财力的雄厚，文化艺术活动随之兴旺，据《扬州画舫录》记载，当时在扬的知名画家约一百数十人之多。

　　在此百余画家中，"扬州八怪"声誉最为突出。"八怪"之称在道光后始见记载，诸书列名又不同，合而计之竟达十五人之多，这是后人对于当时活跃于扬州且艺术风格相类的画家的并不严格的约定，研究者大可不必拘于人数的。

　　他们的所谓"怪"，是相对于当时画坛主流而言的，其实就是个性鲜明和张扬，就是大胆和出新。

　　陈撰（1678—1758），浙人，早年受业于毛奇龄，诗文书画俱工，又精于碑版古籍之鉴定。中岁流寓扬州。他为人清高，不轻易为人作画，故有"每一纸落，人间珍若拱璧"之谓。传世作品不多，且大都为册页小品。

　　陈撰是"八怪"中画笔最为简略的一人，往往仅在纸素一角作画，留其大部空白，属于纯粹的文人墨戏。笔者藏其册页，中有一幅枇杷图，只在右下端画墨叶四片，空勾果实三个，中左部上端作四小字："仿八公意"，钤"陈""撰"二小印即成。款、画、印合在一起仅占整个纸面的八分之一，可见其减省到了什么程度！所谓"八公"，当是八大山人，其笔墨之简，确可与山人比肩。

华嵒（1682—1756），"八怪"中画技最全能、全面者，人物、山水、花鸟、草虫无所不能，无所不精。二十余年前，笔者曾在钱君匋先生处细读华嵒数本画册，分人物、花鸟、山水、草虫，数近百页，或工或写，各各不同，一一精妙，叹为观止，大为折服。《明妃出塞》是华嵒人物画中的精品，充分反映了作者在人物仕女画上的精湛技艺。婉约清秀的形象，含蓄而带着淡淡愁绪的神情，精细入微的衣饰，柔美雅致的线描，可谓尽善尽美！大篇的文字用小楷书，一字不懈，隽逸宜人，组成画面不可分割的一部分。

无锡博物馆存有周怀民先生旧藏之华嵒《爱鹤图》，款署"银江华嵒"，画笔及款识皆与此华嵒不类，应是另一同名人氏。

华嵒也是"八怪"中对后世画坛影响较大的一人。在清代晚期的扬州画坛，王素、魏婉等都继承着他的技艺与风神。即现代画家中，用其法者也不乏其人，如钱松嵒、唐云皆是，在他们的早期作品中，尤为显著。

高凤翰（1683—1749），山东胶州人，是"八怪"中唯一偏于北方的人，他画笔较重、较实，确有"北味"。他有一个别号："丁巳残人"，丁巳为乾隆二年（1737）。他55岁时右手废痿了，在此后的十二年间他改用左手，书画较之右手改变了许多，是研究他的画作必须注意的地方。他嗜砚，收藏甚多且自铭之。又擅篆刻，宗秦汉，有苍朴之趣，郑燮用印中即有出自其手者。

边寿民（1684—1752），"曲江十子"之一，诗文书画无不擅。居淮安"苇间书屋"，别号苇间主人或苇间居士，可见他之于苇，嗜之深也。因苇而涉雁，芦雁便成了他的艺术代表，当时人以"边雁"称之。他的画平淡朴实，一如其人其境，"一妻一妾，卖画自得"。他有一种纯以枯笔勾擦的器物或果品画，类乎素描，但不重光影，别有一种趣味。他的这些画法，皆为其甥薛怀继承，形神皆能仿佛。薛怀是否为其舅代笔？抑或作其伪？有待再考。

汪士慎（1686—1759），性格孤清，不求仕途，甘于淡泊，一生布衣。

他的书，或为隶，或在行楷之间，缓缓书来，不迫不促，不霸不弱。一种细秀的小行楷，似纤而弱，实棉内裹针，别具一种趣味。他的画，兰竹的娟娟秀质，桃梅的疏枝素蕊，还有松石的遒与苍。这些无一不是他的个人写照！他的甘于孤寂，更反映在晚年双目失明之后，仍能作书作画，自谓"心观"。笔者藏其行楷书轴，作于乾隆壬申（1752），他六十七岁时，双目已瞽，署款前加上了"心观"两字。这一条幅，书近于楷，字大逾寸，结体、运笔稳沉朴质，已达炉火纯青之境。心观真是一种至高的境界！

李鱓（1686—1762），"八怪"中画风最为放纵的一人，而恰恰是他早年两度做过宫廷画师，"两革科名一贬官"的人生经历使然也！他说："八大山人长于笔，清湘大涤子长于墨，至予则长于水。"所言似乎颇自负，却是真话。他驰骋不拘，大胆用水，给观者的感受是痛快淋漓。

李鱓在宫廷时，前后受到蒋廷锡与高其佩的指授。蒋廷锡是高雅温文的小写意，我们还能在李鱓早期的作品中看到他的踪影；高其佩善指画，运指自然会脱离用笔的不少规范，正好启发了李鱓笔墨上的不拘一格。在这里，我们可以看到个性不羁的李鱓逐步走向纵放的画风，并不是对于先师一味摆脱的背叛。

他的题画亦极自由，信手拈来，无论内容、形式、位置，皆与画面融为一体。如题所画鱼葱姜："大官葱，嫩芽姜，巨口红鳞新鲜尝，谁与画者李复堂。"名款也入了诗句，真是妙不可言！

金农（1687—1763），足迹半天下，博学多才，篆刻、诗文、书画、鉴定皆精擅。他书工八分，小变汉人之法，又独创漆书，醇古方整。又由隶溢而为行草，如老树着花，姿媚横出，充满金石气。其雍正十二年（1734）所书分隶四屏，年仅四十八岁，书已老辣雄厚，皆在行楷之间，拙中寓巧，一如其人，邋邋遢遢中含着智慧，生出姿媚，足以见其功底之深。

冬心先生学画，据他自己说始于六十岁。花甲始学竟能成家，成大家，谈何容易！当然有赖于他诸多方面的深厚学养，这是毋须多说的。他的绘画特点有二：其一是以书为画，画笔与书笔一致；其二是重意趣而轻形似。试看所载四帧册页，婴戏、人马、寿星、桃虫，形态各异，而用笔一致，稚拙的表象掩藏着隽逸古秀的风神。金农是个有大智慧的人，大巧若拙、大智若愚，用之于他是最确切不过的了。然而亦有持相反观点的，如画家范曾，他说："扬州画派中的金农显然是个愚不可及的笨家伙，他那排列如算子的黑漆书，还可看吗？他那几枝横七竖八的梅花，气韵何在？"（见《吟赏丹青》）冬心先生遇到了范三兄，也奈何不得、哭笑不得啊！

黄慎（1687—约1770），在"八怪"中，职业画家的身份最为显著。他也是全能型的画家，人物、山水、花鸟均所擅长精熟，又善于作草书并能诗。

最让人注意的是他的人物画，以草法入画，大幅巨制，顷刻挥就，最为撼人，然不能免俗。大约正合了当时市民阶层的"口味"。南通博物苑藏其绘个道人丁有煜的白描肖像，简妙传神，没有常见的习气，是笔者所见黄氏人物画的最佳品。他画山水，山形多方，皴笔方折而多所波动，其貌其神，约与闽中山水相似，那正是他家乡的山！他的画中，最不为人注意的花鸟小品，却是最雅的，减省传神，以少胜多，且风神独具。

高翔（1688—1753），居扬州"僻巷深处"，是"八怪"中真正的扬州人，也是"八怪"中唯一受教于石涛的人。石涛去世后，他"每岁春扫其墓，至死弗辍"。高翔此举已成了画史美谈。他为人仁厚守信，气清格高，与汪士慎品性相通，交谊甚厚。他在绘画、书法和印章诸方面均有不凡的造诣。绘画擅山水，多作扬州园林景色，风格清奇简瘦，似在石涛、弘仁之间，但传世作品不多。书法长于隶，出于汉碑，清劲古逸。行草则在歪歪斜斜中求得自然与个性的和谐，面目是瘦而挺的。印章得力于程邃，古朴苍劲兼而有之。

李葂（1691—1755），安徽怀宁人，乾隆初到扬州。他是"八怪"中传世作品最少的一人，笔者所知画仅两件，皆为墨荷，分藏在扬州与苏州的博物馆中，画笔率意简朴，属文人墨戏一路；书则多为行楷，而略具隶意。

郑燮（1693—1765），康熙秀才、雍正举人、乾隆进士。曾两度为官县令，七品官耳。最终卖画扬州，有"三绝诗书画"之誉。其书合真、行、草、隶于一体，大小差参，如乱石铺街，自谓"六分半书"，为其所创也。其画品种有限，常见的仅兰、竹、石三种，扩大范围也只见有松、梅和菊花，仅见的一幅牡丹立幅，就让人惊异不已了！他的画纯用墨笔，从不施色，这是文人画的本色。他的诗词，直抒真情，雅俗共赏，还吸取了民间的小唱形式，所作道情多首，为世人传唱至今。

他于乾隆甲申（1764）所作《竹石图》即具备着他的典型画风：挺拔细瘦的竹枝，三小撇、三大撇，作"个"字交错的竹叶，以及借用倪瓒作侧锋折带皴的石头，加上"六分半书"题写的七言诗，可谓"三绝"俱备矣。

《致宪台书画》，合手札与画为一，书多画少，仅作水壶炭盆，穿插文间，别致且罕见，亦是他的创意。宪台为其上级，故书中语气多有恭维之意，又述及扬州诸家事，殊为难得。

杨法（1696—约1762后），南京人，诗书画印兼擅。他传世画作极少，扬州博物馆藏其两片册页，一写月季，一作绣球，设色小写意，在"勾花点叶"派基础上略有变化。故宫博物院藏其墨花册，笔墨简放，略类青藤，署款"丙子"为乾隆二十一年（1756），其年六十一。

杨法传世较多的是他的字，或篆、或隶，或行草，求变，求奇，颇具画意。以画意入书，是"八怪"的普遍现象，而杨法堪称其最。某年，傅申先生访我，见到笔者所藏杨法篆书联，不禁脱口说出："这不是'现代书法'吗！"足以见其之新奇。

李方膺（1695—1754）的寿命只有五十九岁，在"八怪"中是最短的。他在扬州生活的时间也不多，只与李鱓、郑板桥有所交往。他的画笔与李鱓最近，都是放纵、苍劲而淋漓的。他们还有相同的闲章"木头老子""衣白山人""大开笑口"等。扬州博物馆藏李鱓《稻鱼图》，作者题诗后未署名款，竟钤有李方膺所用之"大开笑口"白文方印。令人不知为此李抑或彼李。

其《画竹册》计八页，全以墨笔写就，或老竿霜叶，或嫩枝新篁，或如婵娟雨洗，或若飞燕临风……或简或繁，或浓或淡，率意落笔，成之天然。画无款印，而李方膺的印记和署款比比皆是。板桥为之题诗曰："一枝瘦影横窗前，昨夜东风雨太颠。不是傍人扶不起，须知酩醉欲成眠。"李方膺有"以酒为名"一印，又有"不饮酒"一印，不知其究竟能饮否？板桥所云大约是笔下之竹，而非写竹之人罢！

闵贞（1730—1788后），十二岁时父母相继去世，为思念双亲，追画父母遗像，人称"闵孝子"。擅画人物，兼能花卉和山水，以卖画为生。

《童戏图》可以代表闵氏人物画的风格：人物集中，以水墨与白描分彼此，线条有波磔却较为温润，善作俯仰变化之人物动作，脸形圆满、温和。扬州博物馆藏其《八子嬉戏》，最为典型。

罗聘（1733—1799），祖籍歙县，生于扬州。他是"八怪"中年龄最小的一人，比他的老师金农小四十六岁，是"八怪"中唯一的晚辈。也是"八怪"中与华嵒、黄慎一样，人物、山水、花卉兼擅的画家。他还工肖像画，工细的有自画簑笠像，写意者有金农、丁敬像，其变形夸张的笔法颇具创意。他向老师冬心先生学诗，也为先生代笔，冬心传世之作中有多少出于罗手，还待考证。

罗聘最擅画鬼，他的《鬼趣图》形态各异，千奇百怪，反映了他极为丰富的想象力和创作力，曾轰动当时的文坛，题跋者甚众。笔者所见两本，其一在南京，作于"乙酉四月"绢本八段卷，墨笔略设色。乙酉为乾隆三十年（1765），罗聘三十三岁。五年后他去北京所携《鬼趣图》，应即是此卷，卷后多人题跋，较早者题于壬辰（1772），所题内容与卷中八图一致。另一为纸本设色卷，作于"嘉庆二年六月"，其时罗聘已六十五岁，距去世仅两年，为晚岁作，与前卷有异同，笔墨较粗率了。此卷为张大千所藏，吴湖帆跋语中称之为"鬼趣图真迹第八卷"。后归虚白斋，现藏香港美术馆。

罗聘还是"八怪"中唯一夫妻皆擅绘者。"两峰为夫，白莲为妻。男能绍诗书，女有芳淑仪。一家仙人古眷属，墨池画盛相扶持。同居香叶堂，老树盘曲如龙翔。"这是蒋士铨称颂罗聘夫妇的诗。白莲姓方，名婉仪，出身歙县名门，与罗聘同乡，长罗聘一岁，与荷花同日生（六月二十四日），故号白莲。她工诗擅画，风格隽逸清新，与罗聘亦略有相近。笔者藏其墨梅轴，笔墨不在其夫之下。

"八怪"既是后人对于当时（清雍正、乾隆）活动于扬州的艺术风格相类的书画家的并不严格的约定，我们不妨根据掌握的新资料（实物、真迹与文字考证）去扩展研究的范围，加入相类、必要的成员，队伍的扩大，就自然形成了一个把传统文人画推广普及到民间的画派。这是历史客观的存在，而非我们现时的创造。

出于上述思考，要加入的第一个成员便是方婉仪，这是画史研究中对于女性的解放，当会释放出绚丽的光彩。

相类的成员还有：朱乔（生卒年不详），字公放，浙江长兴人，矢志金石篆刻，诗才清隽，书画有奇气，尤精音律。客维扬，与金农、郑燮友善。笔者藏其书画册，画花鸟简省奇特，书擅篆隶，亦能作漆书，与金农甚似。

丁有煜（1683—1764），南通人，晚号个道人，善画与摹印，尤长于画梅、竹，风格纵放，我在南通博物苑见其画竹册，狂怪似过于李方膺。黄慎曾为其画像，又赠其大幅人物画，情谊非同一般。

项均（生卒年不详），字贡父，歙人，侨居扬州，擅画梅。乾隆二十四年（1759）拜金农为师学习诗画，亦曾为其代笔作画。冬心先生晚岁代笔者非罗聘即项均也！

陈馥（生卒年不详），字松亭，杭州人，曾从陈撰学写生，画风放逸洒脱。其传世之作，大多由郑燮题诗题句，郑称其画兰"秀劲拔俗，矫然自名其家"。南京博物院藏陈馥与郑燮合作《苔石图》，板桥题曰："郑家画石，陈家点苔。出二妙手，成此峦岩。旁人不解，何处飞来。"笔者又藏有陈馥与李鱓合作的扇面《顽石水仙》，李鱓题曰："松亭水仙，用意萧淡。予见而异之，高兴为老桐补石。"由此可见他们之间的交往与友谊。

许湘（生卒年不详），号衡州老人，歙人。郑燮画友，曾入潍县幕中。擅山水、花卉。其书似受板桥影响。南京博物院藏其《蕉石图》，郑燮题诗其上曰："主人画笔最清幽，何苦芭蕉写作愁。夜雨半窗风半榻，怎教宋玉不悲秋。"

蒋璋（生卒年不详），字铁琴，丹阳人，居扬州。善画大幅人物，与黄慎名相埒。笔墨情趣与黄慎略似，亦擅草书。笔者藏其《寿石图》，笔墨纵放淋漓，并作草书长题，气息与黄慎近。

擅书而未见画者，还有：顾于观，兴化人，嗜古工书，出入魏晋，居乡唯与李鱓、郑燮友善。陆骖，亦兴化人，擅狂草，与郑燮、顾于观齐名。

"扬州八怪"是一个有着鲜明个性的画家群体，他们大多走着"文人画"的道路，却又将文人画"还俗"，把标举"士气"的文人画推广普及到民间。"八怪"的艺术实践改革了文人画，扩大了文人画的题材与内涵，这大约是他们最大的贡献罢！

己丑岁尾于金陵爱莲居

画 缘

萧 平

　　凡事大约都有机缘的。这里要说的并非我与书画的缘，而是对于近期所得的一幅画的缘分。所谓"缘"，当然有其偶然性，但也不乏必然的因素，那是你因为爱好而不停止追求的结果。

　　去年春，上海浦东书画拍卖会预展中，一件窄长条幅《三友图》引起了我的兴味。"三友"即松、竹、梅之谓，俗称"岁寒三友"。作者方华，是清代嘉庆年间的扬州和尚，上款"老薑"，是同一时期扬州金石书画家张镠的号。我因当天要返回南京，便委托一位上海友人代我竞投，底价不高，我出了四倍于底价的钱，总以为一定可以如愿了。第二天，接到上海来电，说那画被别人以六倍底价之值拍去。叹息之余，我急询得者为何方人士？答曰：不知。我茫然若失，这种感觉还延续了很多天。

　　写到这里，必有人问：你为什么对那幅《三友图》如此留恋难忘呢？我以为至少有如下两方面：其一，是我个人对于书画收藏的目标。所谓收藏目标，一定是因人而异的。要根据自己的实际情况（志趣爱好、研究项目和财力等）与市场艺术品现状，做出切合实际的比较选择，方能确定的。我祖籍扬州，有意写一本"扬州画坛三百年"，奉献给家乡。因此，收藏扬州三百年来画家作品，便成了我的目标之一。另外，由于对"禅"的兴味，引发了我对于僧人书画的收藏愿望。《三友图》出自扬州僧人画家之手，又是画赠另一扬州画坛高手，且有这一高手自书的长诗。可以说集二"美"于一身，这二美又皆为我的目标，所以爱之殊深也。其二，对于研究者而言，并不一定非要占有原物的，清晰的照片、印本，甚至详细的著录，都能够作为研究的依据。而那次拍卖会，除简单的目录外一概全无，我又主观以为可以拍得，只是草草观览，没作任何记录。事后想起，总为失去品评研究的机会而懊恼。

今年夏天，几位书画收藏者小会石城，我无意中说出对那幅画的遗憾。北京一位友人问道："是画仅一角，上有长题的窄条吗？那是我买下的。""你知道那画的意义吗？"我问。"我并不知其作者为谁，只觉得章法很特别。萧先生喜欢，我可以割爱。"他答道。这真是缘分啊！我大喜过望。"山重水复疑无路，柳暗花明又一村"这句古诗，正可形容当时我的心境。

现在，《三友图》已经从北京的文雅堂来到南京的爱莲居，灯下展读，似有无尽的快乐。作者方华，自谓"种香僧"，似乎极吝啬自己的笔墨，四尺条幅上，画面仅占四分之一的位置。画好不在于多的，郑板桥有句谓："敢云少少许，胜人多多许"，此图足可当之。图中，松、竹、梅，各取一枝，参差交错，自幅面右下端，向左、向上伸展着，造就整体的气象和生机。竹在前，用双钩法，具清朗疏

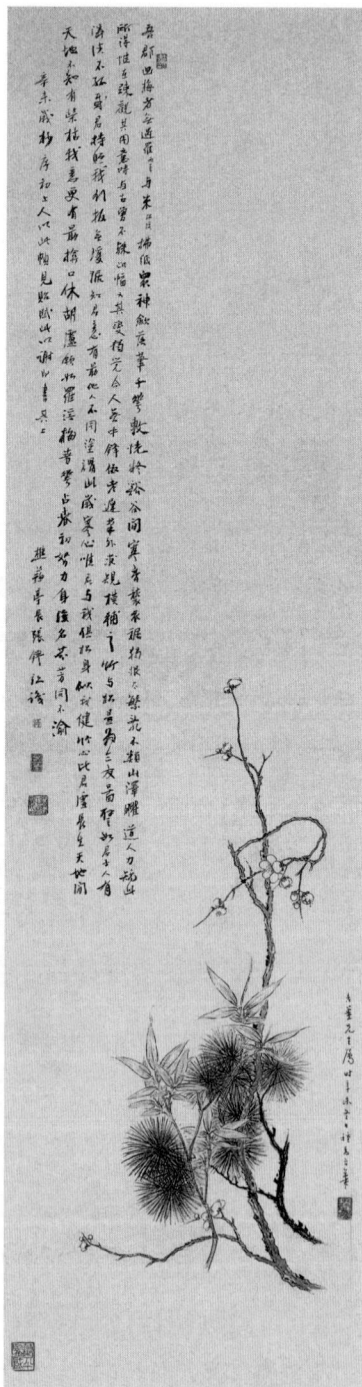

清·方华《三友图》

秀之姿；梅居其中，挺而上，并侧出一分枝作回旋俯首状，与松竹相呼应；松处在最后，浓枝密叶复加以渲染，衬托着梅和竹。简单的折枝花木，由于作者的匠心经营，不但画面丰富多姿，更注入了蓬勃的生命甚至高洁的人格。试看张镠题于左上的诗句："……谓此岁寒心，唯君与我俱。松身似我健，竹心比君虚。长生天地间，不知有荣枯。我意更有劬，掩口休胡卢。愿如罗浮梅，著华占春初。努力身后名，芬芳同不渝。"他借松竹梅的高洁性格，比之方华与自己，"岁寒三友"即是这画坛二友的化身。诗的最后说到"身后名"，使我想起林散之老师生前时时向我提起要修"身后名"的话语。是啊！艺坛前贤是一面镜子。这对当前某些不择手段、力争时誉的热潮，不是一个绝好的对照吗？这是这件佳作画外的意义。

中国画的笔墨之争，是现时画坛的一个焦点，赏画便不能不涉及笔墨。张镠诗中说，此图"中锋仿老迟，笔外求规模"。老迟指陈洪绶，他以遒劲高古的双钩独出风神，自具一格。该图梅竹的勾勒，取法接近，遗风可见。但其笔墨又何止于陈氏呢？华新罗飘逸而不是沉雄的笔锋、绵里针般的似断而意连的线，汪士慎的真朴，金冬心的稚拙，无不包罗其间。却又不是各家笔墨的杂陈，和谐、自然，天衣无缝，浑然一体——它是简洁的，却含着丰富的变化；它是隽秀的，却不乏朴拙和深沉；它是传统的，却具备着清新的创造。这样的笔墨，可以让你上溯千百年的画史，可以让你享受造物人格化的风神，可以让你窥探作者的性格特征和心灵追求。这样的笔墨，是头等的好东西，是可以玩味不尽的。当然不会等于零！

《三友图》作于辛未，即清嘉庆十六年（1811），距今一百九十个春秋。此后七十二年成书的《扬州画苑录》（汪鋆编著）称方华"超逸绝尘，无纤毫素笋气"，又说"扬州僧画，道济而外，此为之冠"。道济即大画家石涛和尚，这个评价是很高的。不知为什么，方华之名不显，是其不求闻达，抑或作品流传甚少？画坛高手，历来有冷热之分的，我则更重于冷名头的妙作，这种发现，将能对画史作有益的补充。

朱光潜先生在1932年所作《谈美》第十五章"慢慢走，欣赏啊！"中写道："'觉得有趣味'，就是欣赏……欣赏也就是'无所为而为的玩索'。在欣赏时人和神仙一样自由，一样有福。"是啊！欣赏是一种精神的自由驰骋，是一种莫可名状的享受。这一享受过程，看似无所为而实无所不为。

一幅画，引起我诸多的联想，生发出无限的感慨。我与画，真有着不解的缘分啊！

读郑板桥巨制《三友图》

萧 平

"衙斋卧听萧萧竹，疑是民间疾苦声。些小吾曹州县吏，一枝一叶总关情。"

这是郑燮在潍县署画竹所题的一首诗，这是他清官形象的标志。"康熙秀才，雍正举人，乾隆进士"的他，仅在山东做了十二年的七品芝麻官。而他人生的主要追求和成就，都集中在诗、书、画上。

他的诗词直抒真情，雅俗共赏，他还吸纳民间小唱形式，作道情多首，为世人传唱至今。他的书法，结合隶、楷、行、草，融合一体，如乱石铺街，自称"六分半书"。至于他的画，内容并不丰富，集中在兰、竹、石，可称"三友"，亦可谓"三君子"：兰的幽馨清逸，竹的虚心有节，石的坚贞不移。松、梅、菊，甚至牡丹，他也偶为之，但不常经见。

《三友图》是一幅高七尺余、宽三尺余的大画，写顽石三重，丛兰幽竹错落其间，面对欣赏，顿觉香风来袭。这样大的图，完全靠悬臂挥毫，笔笔清晰到位，且一气呵成，是不容易的。

对于传统，板桥说："十分学七要抛三，各有灵苗各自探。"又说："学一半，撇一半，未尝全学。非不欲全，实不能全，亦不必全也。"试看图中，顽石全以大笔侧锋写就，它类乎倪瓒的"折带皴"，但竖将起来，还借用了"斧劈"皴擦，它是坚固而峭拔的。兰竹似乎都得力于石涛，但又不同，少了石涛酣畅淋漓的禅趣，多了清挺隽秀的风神。久而久之，这些特征成了板桥的艺术符号，当你展开画卷，这些符号便化作了他的气息与风神，感染着你，打动着你，让你不由自主地吐出三个字——郑板桥！

因为图面布满，他没有题诗，仅在左下端署上、下款，后又补年款"乾隆癸酉"于中下部顽石间。癸酉为乾隆十八年（1753），郑燮六十一岁，正是他在潍县任上，以请赈忤大吏罢官之年。他曾画竹别潍县绅民，并系以诗。去官之日，百姓遮道挽留，家家画像以祀。

板桥居士的为艺与为官，给予今天的人们仍不失启迪的意义！

李鱓绘画的鉴别

萧　平

李鱓，字宗扬，号复堂，别号甚多，常见者为懊道人，江苏兴化人。李鱓生于清康熙二十五年（1686），卒年不详，约在乾隆二十五年（1760）前后。画史上著名的"扬州八怪"之一。

李鱓二十六岁中举，又被康熙帝取入"南书房行走"，并以"内廷供奉"身份受教于蒋廷锡……他是年轻得志的，然而，他放纵不拘的性格，遭致"两革科名一贬官"，最后于扬州卖画以终。

李鱓的生活经历，必然在其创作道路上留下鲜明的印记。鉴别其作品，必须历史地进行分析，故有必要选择其早、中、晚各阶段的代表作品加以解剖，考察其演变的轨迹，确定其面貌特征。这一认识过程，正是鉴别的基础。

一

目前发现最早的李鱓作品，是作于康熙甲午（1714）的花鸟册（中央工艺美术学院藏），李鱓时年二十九岁，正是他到清宫充当内廷供奉不久。此册写绣球、琵琶、荷花、牡丹、寿桃、松芝及朱雀等，章法平和，笔法温秀，与蒋廷锡十分相似，可见当时受其影响之深。

南京博物院藏李鱓《三友图》作于康熙乙未（1715），李鱓三十岁。菊、竹皆用"没骨法"，清丽雅秀，似在蒋廷锡、恽寿平之间。而蒋氏曾师法恽，因此我们可以列出这样的师承关系：恽寿平—蒋廷锡—李鱓。这便是我们能够看到的李鱓绘画艺术第一个阶段的面目。这一阶段大约从康熙五十三年（1714）

始，到康熙末年（1722）前后，也就是从他二十九岁充当内廷供奉时起，到他三十七岁左右。

李鱓入京前，曾从王媛学花卉，从魏凌苍学山水。那时的绘画面貌，因无实物可查，尚不清楚。不过，他确实能画山水，我们可以从他作于乾隆五年（1740）的八开山水册（南京博物馆藏）中窥见大略：秋水、疏林、山冈、屋宇，用笔枯劲，多作简笔折带、披麻皴，其意或稍在倪云林、黄公望，或略取米芾、吴镇。其中一帧题诗曰："倪黄高处何人识，前有清谿后石溪。笑我廿年脂粉笔，白头方悔故山迷。"可见他对山水的向往，同时证实了他自叙中"自幼学子久（黄公望）山水"的说法。

二

从雍正初期到乾隆初期，亦即李鱓四十岁前后，是他在绘画上逐渐摆脱恽寿平、蒋廷锡，自我面目日趋明朗，终于独立成家的阶段。开始，尽管他采取了峭拔瘦挺的作风（笔多方尖，是高其佩指画风格影响的结果），但用笔施墨还较谨慎，对所绘物形、物态交代清楚，这还是蒋廷锡潜在影响在起作用。雍正三年（1725）和四年（1726），他画过两幅《三秋图》（秋葵、雁来红和鸡冠花。前者藏于扬州某家，后者藏于天津艺术博物馆），画法、章法均相近。虽自题"拟青藤道人笔意"，而仍在规矩之中。他分别作于雍正四年和五年的两幅《土墙蝶花图》（前者藏于日本东京博物馆，后者藏于南京博物院）最能反映他摆脱依傍、自立门户的情况。其一是题材内涵的突破。蝶花前人多所描绘，恽氏弟子们也不乏高手，而把秀美的蝶花和败缺的泥墙合为一图加以表现，则是李鱓的独创了。两图题诗一致，小记不同，兹录后图所题如下："墨从今贱作墙堆，院宇春光在此围。几日雨淋墙有缺，蝶花和土一齐飞。可是庄周梦里身，紫云高卷隔花茵。夺朱本事休拦住，尽长墙头去趁人。江淮野人家土墙头喜植蝶花，春来一片紫云，掩映一枝红杏，寻春到此，逸兴遄飞，只望酒帘小憩，顿忘归去。雍正五年正月，湖州道中亦有此景，援笔写之。"一派郊野新春的生气，令人陶醉。这种来源于生活，又与作者的性格爱好相拍合的境界，确实是"内廷供奉"们所难以想见的。其二是艺术程式的突破。第一幅（雍正四年作）以笔墨勾划点乩作土墙败砖，墙上意笔作蝶花无数，临风摇曳。其技法特点表现在：用笔比前期放纵了很多，花叶和土墙都只求大意，貌似泼乱，而神采充足。笔饱墨丰，开始大胆用水，故有淋漓之感。第二幅（雍正五年之作）章法类似前幅，只是压缩了土墙的位置，用特写突出了蝶花。与前幅比较，显然格外泼放；土墙部分仿佛倾墨涂抹，至今犹有湿感；蝶花则先用色彩挥写大意，再以浓墨趁湿略勾其外形，造成一种墨渗色破、丰富华滋的艺术效果。而其勾笔又十分随便，甚至故意破除技法规则。这样，李鱓具有创造性的特征——不拘一格、突破陈规的笔法，大胆施水、淋漓恣纵的墨法，起码在他四十二岁时就已经形成了。而形成这种笔墨的思想，是"墨从今贱作墙堆"和"尽长墙头去趁人"。这是文人画的"还俗"。

李鱓作于雍正九年（1731），即其四十六岁时的《月季图》（扬州博物馆藏），上下作月季两枝，侧挂交叉，一红一白。红者以粉色点乩成，白者作简勾敷粉，皆墨青为叶，勾筋似不依陈法。整个调子尚存恽寿平遗韵，笔法则自具个性。这类画法，在其晚期甚少见，然难免应命为之，或以此点缀墨笔较重的画面。

再如南京博物院藏《蕉石萱花图》（四十九岁作）、《五松图》（五十岁作）。前者偏润，后者偏苍，各得其性。蕉、萱略近陈道复，润中见骨，洒脱大度；松树似出明末诸家，苍遒中见灵动，富有变化，这些都可见他艺术的成熟。《五松图》是李鱓常画的一个题材，每画都有一些变化，往后之作，大都取法沈周，中锋劲勾，并趋于板直荒率，遂进入其晚年阶段的作风。

三

乾隆十年（1745）左右，李鱓六十岁前后的作品，已经形成其晚年的风格：板直中见遒劲，枯率中寓朴茂。中期的灵动和丰润日渐少了。

　　"少年橐笔走蓬瀛，垂老甘棠种海滨。无复心情画姚魏，何如人索玉堂春。"是乾隆十年（1745）后李氏反复题自作牡丹、玉兰、海棠合图的诗句，反映他应人之索违心作画的情绪，这当然是为了生计。李鱓在乾隆三年（1738）以检选出任山东滕县知县，后因得罪上司而去官，他的职业卖画生涯也就随即开始了。为谋生而挥毫，与寄情遣兴的文人画本意相去已很遥远，久而久之，形成习惯。这种积习表现在画上，就难免率直了，这是李鱓的悲苦。南京博物院藏有李氏作于乾隆二十年（1755）和二十一年（1756）的两本册页（见《中国古代书画图目》第七册第215、216页），是其晚年的代表作。乾隆二十一年所作册中有段自题曰："鱓也年垂七十有一，昏钝健忘至余极矣！"可见他确已衰老。这里"鱓"字写成了"觶"，这大约是李氏六十三四岁始改用的字。然而，"鱓"字他还间用着，并没有在他以后的作品中消失。

　　以上便是李鱓绘画发展的基本脉络，也就是用以衡量鉴别其作品的准绳。我们不妨以此一试：无锡博物馆藏有李氏花卉册（见《中国古代书画图录》第六册203页），面目平淡温润，字亦圆弱。乍看类似其早期作品，然所署年款"乙卯"，为雍正十三年（1735），李鱓已五十岁，画风早已进入成熟期，此作显然不符，必有问题。再查《艺苑掇英》第四十一期（美国高居翰"景元斋"藏画）52页，载李鱓花卉册页（八页仅选载两页），为荷花和五松，无论画幅格式、形态还是题诗，均与前册中的两页完全一样，而这两帧高居翰藏品，笔墨较为洒脱，与李鱓五十岁前后作品面目吻合，字迹也方折有力，故可视为真品。这样，把前册判为摹本，大约是可信的了。举一反三，便可以鉴别李氏各个时期的作品了。当然，这仅是简要的过程分析。真正进入鉴别领域所必备的各方面知识和经验，是需要长期训练和积累的。

画诗书见一腴儒

——读金农《墨梅图》

萧 平

"元章茂密补之疏，妙笔华光淡欲无。七百年来无继起，画诗书见一癯儒。"这是张大千1956年边跋金农《墨梅图》的诗。前两句论画梅，说到元代王冕（元章）的茂密与宋代扬无咎（补之）的疏淡，后两句则称赞金农是数百年来能够继起此道的画、诗、书皆长的"癯儒"。

笔者以为大千先生所论，不错中有错。凡看过金农自画像或罗聘所绘《冬心先生午睡图》者，都会知道他是一位矮而胖的人，故笔者在为题时更"癯"为"腴"，冬心先生有知，当会含笑首肯的。

图中之梅自左下端发干，向上、向右曲折变化，生出花枝、花朵，或疏或密，或正或侧，运笔中缓行缓止，不迫不促，有顿有挫，有节有律，似不用力而力自在，似无用意而其意无处不在。中国画谓之写，与书法通，无须事先安排，一笔既落，笔笔生发，一气而成。这是古朴而文秀的梅，又何尝不是作者性灵的写照！溥心畬题曰："无剑拔弩张之势而逸韵自高。"这逸韵是文人画的追求，是作者学养、性灵的体现。

金农六十岁始学画，这是他自己说的，见之于《冬心先生画竹题记》："冬心先生六十始学画竹。"他的画由竹始，"继而又画江路野梅……又画东骨利国马之大者，转而画诸佛，时时见于梦寐中"（金农《画佛像记序》）。六十岁学画，七十七岁去世，冬心先生的作画时间仅十六七年，其传世作品必然有限。在其署款的作品中有三类：一为亲笔，二为代笔，三为伪笔。三类中，亲笔最少。

亲笔画，如此画者，其重要特征是，画与字笔法、笔性的一致。试看图中，梅的枝干与其题诗的漆书，有着相似的松灵中的沉着，舒缓而鲜明的节律。这种一致性发自内在的性灵，是摹仿不出的。

画面右侧，冬心先生题了一首自作的五言诗，虽无年款，但其首句"寻梅勿惮行，老年天与健"，便道出他老而健的精神状态。那又是一个严寒的冬天，"戏拈冻笔头，未画意先有"，他期待着的是"春风吹满纸"。他谢却了以金帛求画者，而"笑寄瞽居士"，这是一位已经断炊了的盲者。这里讲着一个故事，反映了一种难能可贵的精神境界。这瞽者是谁呢？"挂壁三摩挲，赏我横斜影"，他虽盲，仍然能画，并能赏我画梅的。在金农的挚友中，汪士慎擅画梅，他长金农一岁，五十四岁左眼失明，晚年双目皆盲，境遇悲苦，但他仍坚持书画，谓之"心观"。那么，此画当是赠汪士慎的了。这是值得笔者庆幸的发现！我们从画上看不到的，诗作了重要的补充。

先生署款："稽留山民画诗书。"稽留山民是其别号，画诗书是他创作此图的顺序。中国画不同于世界其他民族的画，它是一种综合性的艺术，即诗、书、画的合体。诗中有画，画中有诗；书画同源，书画同法。诗书画的自然交融，便进入了中国画的至高境界。冬心先生先成就了儒，成就了诗人、书家、鉴赏家，最后才成就了画家，这是大器晚成。但这样的道路，大约是仅仅限于中国画的！

己丑仲秋于南京爱莲居灯下

读金农《墨梅图》

萧　平

一位矮而胖的老者，一幅瘦而长的墨梅。这是笔者一看到此图，心目中顿时浮现的形象，由此生出了些许谐趣。

冬心先生一定是位诙谐有趣的人，无论看他的自画像，或是罗聘为他造的像，还是阅他的题画，读他的诗、文、曲……无不情深趣浓，带着诙谐的智慧。此图所题即可作一例："山僧送米，乞我墨池游戏；极瘦梅花，画里酸香香扑鼻。松下寄，寄到冷清清地，定笑约溪翁三五，看罢汲泉斗茶器。"图作瘦梅一枝，自下端挺拔直上，疏枝繁花穿插其间，既险峭又安妥，既遒劲又清逸，风姿绰约，悦目赏心。

冬心先生为诗人、书家，亦精鉴赏。大约"年逾六十始学画竹"（见《冬心先生画竹题记》），"继又画江路野梅"（见冬心《画佛像记序》）。对于画，他是一位真正的晚学有成者。年逾花甲始学画而能有成，是因为他具备着深厚的诗文、书法修养和文物鉴赏的敏锐眼力。这些无一不是中国画的组成与基础。

他入手是竹，而传世最多者为梅。这种略带波磔变化的枝干，空钩无染的花瓣，点划中肯的花蕊、花托，与他的偏于细瘦些的漆书，有着许多相似处。正如此图的书与画，它们之间的沟通与契合，是可感、可知、亦可信的。这样的作品，我们便有理由判断它属于冬心先生的亲笔。

冬心的代笔一直是鉴藏界关注的问题，为其代笔人数之多，在当时也属罕见。同属"扬州八怪"的汪士慎、罗聘都确确实实为他代过笔。

他六十后学画，而六十前已有画作传世，如果不是伪作，便必是代笔了。六十后他开始有了亲笔画，代笔和伪作也相应多起来。晚年他收了两个学生罗聘和项均，也成了他主要的代笔者。罗聘擅画，多能且有奇趣，本款作品也多，对照比较，便不难分清哪些是其"捉刀"。项均因本款作品极少，一时尚难辨识。

鉴别过程中，确认了款书，便排除了伪作的可能，这是第一步。第二步排除个性鲜明的代笔者，如汪士慎、罗聘。最后比较书、画笔性中的关联，分析作者与作品间的异同，作出判断。如此图，款书是典型的金氏漆书，沉稳、挺拔、自然，此其一；所写梅花，既不同于汪，又有别于罗，此其二；画笔、书笔多有联系，又是作者七十三岁，画梅十余年后之作，笔法老练是不奇怪的，此其三。

读画不是单一的欣赏，鉴别应是前提。有了鉴别，才能感知真品的不易，才能真正认识其人其作的真谛。这些，都是由这幅画引出的话题。

己丑初夏金陵爱莲居

瘦竹一枝长供　煮茶共赏吟啸

——金农《墨竹图》赏析

萧　平

　　中国文人画，是诗、书、画的合体，是一种综合性的、具有深刻人文内涵的艺术。金农《墨竹图》便是典型的例子。

　　面对冬心先生的这幅画，我们看到了两竿清瘦的、在风中飞舞着的新篁，一前一后，一浅一深，交错着，如同飘动的凤尾（或许这竹就名之曰凤尾），那婀娜的嫩叶，让人联想到书法中的草隶甚至李后主的"金错刀"。

　　图上端，先生以独特的漆书作诗为文："予游弁山，寻小玲珑石不得，信宿僧寮，僧心印乞写瘦竹一枝，长供佛前，竹尊者顿开生面矣！并诗云：'好游名山扶一藤，林间忽遇长眉僧。合掌乞画苦寒竹，先生近日无他能。竹中不复画荆棘，荆棘乃竹之盗贼。老来懒似水牯牛，随意题诗在上头。'此记五年前游吴兴所作，壬午清夏，无事画竹，以寄玙沙先生观察公，复书一过。寄到之日，定多物外之赏，于茶熟时，要二三宾佐共吟啸也！七十六叟金农。"记事记情，活写出这位高雅之士的生活情态。我们不妨也取这种姿态，泡壶茶，慢慢品赏他的妙制。鉴藏的乐趣，正在于此罢！

　　铿锵沉厚的书与清新飘逸的竹形成了对照，老与秀、重与轻、古朴与柔媚集于一图，组成阴阳。这是文人的趣味、文人的情怀！

　　金农工古文、诗词，擅八分书，独创漆书，篆刻追秦汉。然而他于绘画一道，大约是六十岁才开始的。由于诸多方面的修养，他出手便不落寻常蹊径，自具一种风神。关于画竹，《冬心先生画竹题记》中说："冬心先生年逾六十始学画竹，前贤竹派，不知有人，宅东西种植修篁约千万计，先生即以为师。"可见，他画竹的方法和灵感都来自真竹。

　　冬心先生的画，代笔者甚多，代笔人前后也有别。在他的学生中，主要是罗聘与项均两人，项均本款画不易见，缺少比照，故难以确定所代笔者。罗聘与金农同属于"扬州八怪"，其画多能，笔致苍厚，且传世真迹不少，风格比较容易分辨。一般认为，笔墨偏于生拙且含清秀者，为金农亲笔。以此标准判断，该图应属冬心先生亲笔，其时先生画竹已十六年了。

老柏青山齐为寿
——《江轸光书画选集》序

萧　平

　　我们在扬州的老屋，据说是在东关街上的，幼年我曾住过。尔后的多少年中，我也曾多次走过这条街，却至今不知老家的确切方位。渐渐地，东关街在我的记忆中，只剩下著名的个园和附近的一所深宅大院了。那座大宅曾住过江轸光先生，他是扬州国画院的创建者和首任院长，是我心中的故乡先贤。我去过那座大宅并走近他，大约在70年代，他已年逾古稀——较高的额头上深刻着岁月的留痕，浓重的剑眉表述着倔强的个性。他不苟言笑，作风严谨。对于书画，他分外讲究，从不马虎敷衍。据他的外孙马育平兄说："老先生没有好环境和好心情是不动笔的，即使画就的作品，稍不满意也决不拿出门，有时看之又看，加之又加，直到满意为止。"

　　九十九年前，轸光先生生于古城扬州，他是地地道道的扬州人。他并非声名显赫的"八怪"式的传统中的文化人，他在上海美专的西洋画科学过西洋画。又在日本东京帝国美术学校学过东洋画。在当时的扬州城里，他大约属于比较新派的人物；然而，他又是很传统的，在为人为艺上，他接受了吕凤子先生的全面影响和熏陶，那是凤先生执教扬州期间。凤先生是现代画坛的大匠，他的真正地位往往被现代人忽略了。凤先生不但完整继承着诗书画印一体的优秀文人绘画传统，而且深入挖掘、变化、开拓，形成自己独具的画风和理论，笔者认为，他正是20世纪新文人画的鼻祖。江轸光先生是凤先生的高足，他正是通过凤先生，接上了"扬州八怪"，甚至石涛、徐渭这悠久的传统。他还在1935至1937年间于镇江创办工艺生活学校，仿佛凤先生创办的正则女校，目的都在探索用新教育育人救国的道路，所以他们又同是爱国的艺术教育家。

轸光先生与世纪同龄，按照中国传统的算法，今年正是他的百年诞辰。为此，笔者应育平兄之嘱，阅读了先生近百件遗作，尝试对其艺术作一分析和讨论，或可作为一束花，献给故乡艺坛前辈江轸光先生。

先生的遗作，大多为画，分山水、花卉两部分；其次为书法，以行草为主。山水画是先生艺术的主体，早在1937年，他的两幅山水就入选全国第二届美展。刊于本册首幅的《山居图》，作于1928年，其时先生年仅二九，画笔已具相当水平，师法倪云林，却用青绿，风貌清劲秀逸。现存作品，就其内容分，主要有三类：家乡景色，雁荡纪游，黄岳写生。家乡景色一类，以《瘦西湖上》、《荒冈新样》（1960年）最为出色，前者描绘新杨掩拂中的瘦西湖全景，凫庄、白塔、五亭桥，历历在目，由近及远，小船点点，浮行湖上……竖幅又取纵览角度，湖面愈显其"瘦"，正合了湖名，这是作者的妙思啊！后者写扬州西郊秋景，红树青山间的村落、菜田，涂就一片葱郁的绿色，展现了昔日荒岗的新境，也抒发了作者的浓浓乡情。雁荡纪游一类，如《双笋峰图》（1961年），落款为十一月九日稿，《雁荡观音洞》（1961年）为十一月十二日作，可见是即景写生之作。运笔多勾划，不用诸类传统皴法而皴意犹在，章法严整，不为细琐之笔，嵚崎磊落，虽幅小，亦具雄浑之势。黄岳写生一类，有云海、奇松、雄峰，除以劲健之笔勾划近景外，多施烘染之法，大有置身烟云，迷茫浩渺之感。如《清凉台观云海》（1962年）、《梦笔生花》两图，显然加入了西洋和东洋画的意味。

经过分析，我们可以大略看出轸光先生的山水画，具有以下特征：它是传统的，既有传统的形式，更有传统的笔墨。这笔墨体现了书法的精神和雄强的骨力，它是凤先生的衣钵，又是江先生的个性和风采。他学过古人，又不同于古人；他面对造物，尊重造物，又不为造物所囿；他兼学西洋和东洋，包括透视、明暗和色彩，却立足于中国不动摇，借洋以为中用。他形成的风貌是严谨的，但偶尔也疏放，其七十四岁重写雁荡大龙漱时，其纵放一如倾泻之泉，势不可挡；他的面目是清秀的，骨子里却不失刚挺和苍茫。

他的花卉画，包括其笔下的木本，约有以下五种：凌寒不凋落的松柏、迎雪绽放的梅花、绵延曲折的藤本、清芬高洁的莲荷、平易朴素的瓜豆和野卉。这类作品的选材，已经鲜明地刻画出江先生的志趣和气格。他64岁生日时，写梅自寿并纪念金农诞辰276年，题曰："余极爱先生所写梅也"，画上老干新枝，很有冬心先生意趣。在这一方面，江先生大约与古贤者是相通的罢！从作画本体分析，上述花木便于在章法和笔墨上尽情发挥、做出文章；或直取，或曲求；或大刀阔斧，或盘根错节；或挺而劲，或清而秀；或枯瘦苍莽，或浑朴淋漓……轻重徐急，抑扬顿挫，与作草书相似。当然，这必须是具有相当书法根底的人，才有资格选择的。

先生善书法，偏重于行草，其基础在"二王"，随着岁月的推移，日渐放纵。册中所载草书杜甫《秋兴》八首，洋洋洒洒，一气呵成，大有明人气概。晚年他喜作大字草书，墨丰笔迅，不拘一格。他也偶作隶书，如七十四岁节临《戚伯著碑》，笔致纯朴，形神俱佳。

《老柏青山齐寿图》，是先生八十五岁时为建国三十五周年所作的大画，图绘光福司徒庙中清、奇、古、怪四株历经两千年风霜雷电和沧桑变幻的汉代老柏，老笔纵横，苍翠淋漓，象征着不朽的生命。十五年过去了，江先生去世也十年了，而其艺术的生命，却依然焕发着青春的光华！先生的百年诞辰，也正是新中国五十周年大庆。在结束拙文的时候，笔者欲更动先生图题一字——老柏青山齐为寿，表示对江先生、对祖国真诚的敬意和祝颂！

一九九九年三月于南京爱莲居灯下

心迹双辉：江轸光先生其人其艺

萧　平

　　岁次己卯，江轸光先生百岁诞辰之时，我曾为他的书画册作序，转瞬就到了先生120周年诞辰之日。先生后辈为此做了一件极有意义的事情，将分存于各家的先生书画，集中无偿捐赠给故乡的扬州博物馆，这无疑是对先生的最好的纪念，这批作品计绘画52件、书法50件（套）、画稿240件，其中最早的绘画作于1928年，最晚的书法作于1987年，历60年之久，是先生毕生艺术追求与实践的重要部分。扬州博物馆将这批珍贵作品，加上馆中的旧藏和其他的书画作品集中影印出版。这应是轸光先生最为完整的作品集了，对于研究作者本人抑或20世纪扬州书画，无不具有重要价值。

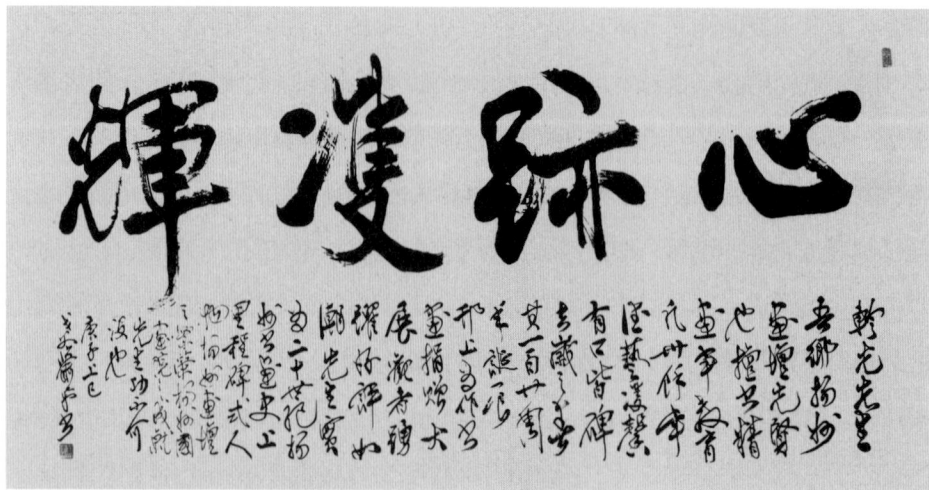

萧平为《江轸光书画选集》题字

江轸光先生1900年生于扬州，是与世纪同龄的扬州人，他的前半生，经历了清代末期的光绪和宣统，那是他的少年时期，又经历了民国的38年，在其年近半百之时迎来了新中国。

20世纪是中国社会风云激荡的年代，中国书画作为上层建筑文化艺术的一个方面，势必受到震撼与影响，引起的改革与变化，必是以往各个时代所未曾有过的。横跨三个时期的轸光先生及其书画艺术，不能例外地具备着"过渡"性，这"过渡"性，既反映在思想观念上，又体现在创作实践上：涉及新与旧、中与西，题材内容与笔墨形式等等方面。

轸光先生曾于1915年和1922年在江苏省立第五师范（扬州中学前身）及上海美术专科学校，两度受教于吕凤子先生，又从1923年至1927年在吕凤子担任校长期间的镇江第六中学（镇江师范前身）任美术老师。在长达10余年时间里，建立了深厚的师生之谊，延绵达40余年。轸光先生晚年曾说："凤先生是对我影响最大的一位老师"，这是真实的，可以说凤先生是他艺途（含教育）的先导与榜样，这就奠定了轸光先生及其艺术的基调。

吕凤子先生是20世纪卓然独立的书画大师和艺术教育家，成功地解决了中国画实践与理论上"新与旧""中与西""形式与内容"等问题，成了"过渡者"的样板。1956年，凤先生在他的《华山速写稿》序中，谈到其画稿由江轸光珍存近20年，历受兵燹时，赞曰："晋人王廙学画可以知师弟子行己之道，江先生真可说是知道行己之道了。"这是对其人品的赞赏。

纵览轸光先生的绘画作品，大约可以分为三个阶段：20世纪20年代至40年代是第一个阶段，其时基本作山水，偏于传统，约略受到明末清初新安画派（或曰黄山画派）的影响（我记得他还收藏有梅清的作品，可见他对于此派之关注与用心），笔墨中又带有凤先生的简练与遒劲。如其1928年参加第一届美术展览会的山水立幅（载于《良友》1928年第23期），前景似写黄山松，骨干劲挺，背景作峭壁嶙峋，取法在弘仁与凤先生之间。另幅1932年作的山水（载于《江

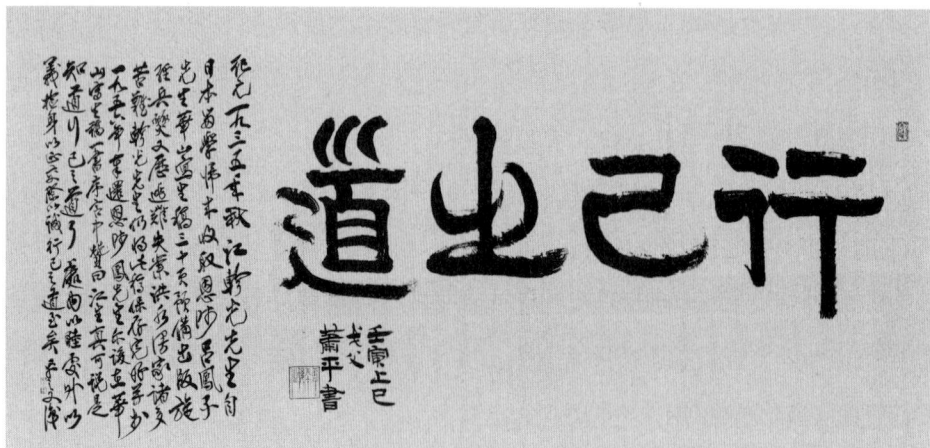

萧平书叙江轸光先生与吕凤子先生师生情缘

苏生活》1932年第一卷第二期）也有新安遗意，并力求简洁，得力于凤先生。作于1936的《岚霭泉声》，入选次年全国美展，较之前两幅，格外苍浑成熟，新安画派的气息似更浓了。扬州博物馆旧藏中，有两件江先生作于20世纪40年代的山水画。一为青绿法，1942年作，做全景式，山回路转，水榭山村，人物呼应，丰富而清晰。另一为水墨法，约1946年作，较之30年代，枯笔少了，用笔偏于劲拔，且加入了湿笔晕染，总之不离传统的意趣。

20世纪50年代至70年代的近20年，是轸光先生艺术创作的第二个阶段。山水与花卉并重，且以写生出新形成自我风貌特征。以国画传统为本，以西洋（或东洋）透视、明暗法为用的创作实践，约始于50年代初，是时代与社会的要求，册中《平山堂一角》（1953年）、《瘦西湖公园一景》（1953年）皆有着中、西合体的鲜明痕迹。到了1960年他作《荒冈新样》时，这不甚协调的痕迹便消失了，图写扬州西郊秋景，立意在新，起伏的荒冈变成了良田，稻菽菜蔬繁茂旺盛，村落新舍点缀其间。近景作丹枫三两，浓重的朱叶在苍翠的田野衬托下，灿烂耀眼！新境界，新笔墨，这是轸光先生的创造。

轸光先生青年时曾入上海美专西画科学习，1934年到1935年又被公派日本，在东京工艺学校和日本帝国美术学校从事应用美术、中国画史、画论之研究。故对西洋（东洋）画法具备一定的基础。20世纪五六十年代，他作了大量的写生稿，大都以铅笔对景速写，包括山景林木、屋宇村舍、藤萝花卉、农田菜蔬、江海渔舟……简略概括者有之，精细繁密者亦有之，可谓包罗万象。这些写生稿是他面对实景的选择、提炼与概括，概合于西洋的透视法则，又突出中国画的节奏、虚实与运笔用线，显然受到凤先生《华山速写稿》的启示。册中所载写生稿计249件，既是江先生写实功底的展示，又是他以造物为师的证明。

1962年轸光所作《瘦西湖上》一图，是其第二阶段佳作的代表。图写杨柳掩拂下的瘦西湖，将西洋透视法与传统平远法合之于一，湖中景色一一交代妥帖，明快清晰，那轻快的笔墨节奏，宛如一首故乡的抒情曲。

第二阶段中，他开始了花卉画的创作，如《灼灼一丈红》（1962年）、《十姊妹》（1963年）、《千年枸杞》（1963年）等，而用心最深，画得最多的是梅花。傲雪的梅花是一种高洁品格的象征，是他的知己与最爱。他以梅花接通了故乡的前贤：金农、汪士慎、李方膺与方华。册中十二页临方华梅花册，惟妙惟肖，达到了心灵的沟通。他的另幅《老干槎枒怀冬心》（1964年），自题曰："写此自寿并纪念冬心先生诞生二百七十六年，盖余极爱先生所写梅也。"老干新花，全从写生得来，而用意于金农，纵横的笔墨中又兼具凤先生的骨力和风神。这里人们感受到了古与今的结合，中与西的结合，却没有任何痕迹。《晓窗雪霁》（1964年）是先生的创意之行。图从室内写到窗外，室内书桌上置台灯、茶杯与眼镜，一部线装的《毛主席诗词三十七首》正翻到《卜算子·咏梅》一页……窗外，微微晨曦中一株春梅正挺枝绽蕊。花卉静物的结合，有了情节，甚至可感受主人的气息与温度，真用得上"迁想妙得"一词了。

20世纪70年代至80年代是轸光先生艺途的第三个阶段。此时他已年届"古稀"，作品从偏重写生进入写心写意，山水皆是昔游的印象，花卉则以梅花为主。大部分时间用于作书，书画结合，自由挥洒，用以遣兴抒怀。

《雁荡大龙湫》是他74岁所作，写两侧石壁如削，中作倾泻之瀑，气势逼人；同年又作《黄山气象台》，全图置于缥缈烟云之中，气象台隐现远峰之巅，处于晨光映照中。他取了虚化的手段，并以色彩点明主题。80岁后，先生的笔墨格外放纵。如《印象黄山》，全以挺劲的草书笔法为画，取大开大合，洗练而传神，亦更近凤先生了。

《老柏青山齐寿图》是他85岁所作大幅，以光福司徒庙汉代"清、奇、古、怪"四柏为原本，颂扬"暴雨飙风总不移"的可贵精神。老笔纵横，铁骨铮铮，既是对35周年国庆的祝颂，又是对饱经沧桑志不移的"八五"自身的感怀。

先生的书法，以行草为主，其基础在晋人二王以及唐人孙过庭、怀素等。随着岁月的推移，日渐放纵，册中所载杜甫《秋兴》八首草书屏，洋洋洒洒，一气呵成，似在孙过庭与释怀素之间，又具晚明人的草书气概。晚年他喜用大字行草，墨丰笔迅，不拘一格，自然大成，如其88岁所书"心迹双清"四字，一挥而就，纯任自然，无巧饰，无安排，而意味淳厚。他亦偶作隶书，时用于题画。册中所载其节临《戚伯著碑》，笔致纯朴，形神俱佳，亦具有相当功底。

轸光先生还是一位出色的艺术教育家。他自1923年起先后在镇江师范学校和扬州中学担任美术教师。20世纪30年代在镇江师范期间，还创办了工艺生活学校，探索用新的美术教育培育新人，融入生活。他的这一探索，可谓与凤先生同一轨迹。

更值一述的是：1960年轸光先生受命创建扬州国画院并担任首任院长，长达12年。这是扬州历史上第一所寓书画创作与教学为一体的画院，是扬州画史未之有过的创举。然而筹建之初正值国家困难时期，经费紧缺，先生竟将自家居所大厅供画院筹建办公，后又几经迁移，备尝艰辛。画院聚集了一批扬州老画家，培养了一批新秀，创作了许多优秀作品，为扬州书画的传承与发展作出了重要贡献。作为院长的江轸光先生，指导创作与学习并行、实践与理论并行、师造化与师传统并行。他以此教学生，也以此要求自己。无论赴厂矿农村体验生活，还是去名山大川进行写生，抑或举行创作观摩理论研讨，他总是严肃认真、身体力行、以身作则。所以扬州画院的成就，先生功不可没；扬州画坛的光荣，先生功不可没！

在先生诞辰120周年之际，作为同乡后学的笔者，真诚地献上拙作，并以"心迹双辉"四字为先生赞。

戊戌岁尾于金陵爱莲居

《林散之与扬州》序

萧 平

　　庚寅岁暮，我在扬州为特殊教育学校的优秀孩子颁发奖学金时，如诚君送来了他编著的《林散之与扬州》样书，我甚为惊喜，亦心生感动。一个基层宣传干部能够利用别人打牌喝酒的时间，执着地苦苦寻觅林散之当年在扬州生活的踪迹，能够褪去浮躁，静下心来搜集整理一代大师当年在扬州留下的且散落在民间街坊的书画佳作和不为人知的生活故事，实在难能可贵。

　　回宁后，翻阅案头样书，字里行间仿佛晃动着我熟悉的故朋挚友的身影，犹如过电影般地回放着往日的故事，一代宗师超凡脱俗的精妙佳作一次次跃入眼帘。霎时间，我对恩师的深深怀念，对家乡的无限思念，对扬州书道同仁的牵挂，一下子涌上心头。作为扬州人，作为林老的弟子，捧着散发着浓浓乡情的《林散之与扬州》，我真有点爱不释手，情难掩卷。

　　林先生是我的恩师。在20世纪60年代至80年代的30年间，我时时趋其寓所看望、请教老先生，或相坐笔谈，或观其作书作画。70年代初，是林老书法的变革时期，我曾亲见他作诸多探索和尝试，每去看他，总见地板上铺满了新书写成或大或小的条幅。间或，亦有他的书画新作赠我……耳濡目染，受益良多。老先生为人质朴坦诚，重情重文，是一位亲切、和蔼、宽厚的长者。他深厚的学养、诚挚的情怀，高尚的品德，为我等后辈所敬仰。本书中记叙"文革"期间他在扬州的点点滴滴，正是他艺术生活的缩影，也是他崇高品德的真实写照。

　　我生于重庆，但祖籍在扬州，我总是把扬州视为自己的故乡。扬州是古代天下九州之一。地处江淮要冲，为东南一大都会，历史上扬州以运河之便利，容纳了各地的移民，巨商大贾、文人墨客往来于此，形成了包容并蓄、博大精深的扬州文化。清代扬州，丹青妙手云集，画坛艺术流派争奇斗艳，以用笔奔放、挥洒自如的"扬州八怪"当为杰出代表。到了晚清，扬州又出现了画坛第一高手陈若木，他的绘画艺术鹤立鸡群，其山水、人物、花鸟，无不精妙绝伦，被称为"维扬第一才俊"，林老的恩师黄宾虹先生也对他推崇备至。20世纪30年代，冶春后社诗人陈含光、蒋贞金诸前辈，亦是林先生诗歌唱和的同道挚友。特别是"文革"期间，扬州有着一批学养深厚的文化人，比如蔡易庵、黄汉侯、孙龙父、桑愉、魏之祯等，彼此亦师亦友，常常雅集一隅，交流思想，切磋技艺，吟诗作画，谈笔论墨。正因为这些元素，才使林散之数次客居扬州，才使林散之的诗、书、画艺术在扬州这块有着深厚文化底蕴的土壤上得以广泛传播与交流。

当然，林散之下扬州广泛进行艺术交流活动，并能够给扬州人民留下那么多的诗、书、画佳作，应该说是缘起于他的女儿林荇若、女婿李秋水一家。因为女儿在扬州，才有林老多次旅居扬州；因为女儿的桥梁和纽带作用，才有了林老与扬州书画界及社会各界的密切联系。那时，交通不便，通讯不畅，林老给扬州人的许多书札、作品都是通过林荇若带回扬州，又通过林荇若一家送到扬州友人的手上。所以，从某种角度上说，林荇若一家对扬州文化艺术是有贡献的。

如诚君虽第一次出书，但出手不凡。作者有意让亲历者直接面对读者，回忆当年和林老交往的情景，并用平实的语言，真实地记录了林散之"文革"期间在扬州的点点滴滴，不臆造，不夸张，不矫饰，依据史实，真实记录，在娓娓道来的叙述中，将林老质朴、宽厚、真诚的性格以及林老与扬州书画界人士的那种水乳交融的关系表现得淋漓尽致。本书的另一大特点是图文并茂，200余幅图片的搜集面世，既是作者心血和汗水的结晶，也是书中最亮丽的风景线。这些图片中，有书画精品，有书札，有笔谈手迹，有经历者的照片，文图呼应，相得益彰，让读者易读、想读、爱读，在轻松的阅读中，既可饱览林老在扬州留下的珍贵的书画佳品，又可领略到一代大师在扬州这片土地上的别样风采，从而得到知识的熏陶、美的享受和人生的启迪。

故作序，愿广大读者朋友读之有所收获。

辛卯年春于金陵爱莲居

《吴砚耕画集》序

萧 平

　　吴砚耕女士嘱我为其画集写序，不由忆起少年时的一些事。因为我对绘画的爱好，父亲曾把祖父收存的一些画扇给我赏玩，在那些来自家乡扬州的画扇中，吴树本的菊花最得我的喜爱，还曾认真临仿过。树本先生字笠仙，清末民初时扬州著名画家。而他，正是吴砚耕女士的生身之父。

　　近四十年过去了，树本先生的画扇还存藏在寓所。把来重睹，不禁生出许多感慨……此扇作于1922年夏，写三色折枝菊，婀娜的姿态，雅艳的色泽，显然来源于恽寿平的"没骨法"。而"十里栽花算种田"的古城扬州，层出不穷的菊花名种，更是他独立一家的本钱。

　　砚耕女士对于其父艺术的继承，就是在这个丰厚的"本钱"上的。岁岁秋季，她的并不宽敞的画室里，总是满放着盛开的盆菊，宛若专业的花房。这种写生的传统，使她的艺术充满了新的活力。有几年，她还移居瘦西湖之"月观"，逗留于绚烂的菊丛，体察菊花在昏晓风雨中的不同变化，琢磨其生长规则和感人的韵律。这一举动，让我想到苇间居士边寿民。这大约正是扬州画派的优秀传统吧！

　　"四君子"之一的菊花，古人又称黄花。因为那时的菊花只有单一的黄色，形态也简朴，它的"晚节傲风霜"的品格受到历代文人的歌咏。在明代以往的传世画图中，菊花都是以冷逸君子的形象出现的。到清代初期，始见它五色缤纷的面庞。"画本"来自"活本"，菊花品种的繁衍，促进了菊花画法的改革，我是在恽寿平的作品中最早看到这一现象的。但是，菊花画本的真正"还俗"，还是清末和民初。吴昌硕、齐白石开了浓彩大写意一派；吴笠仙则在恽派"没骨法"的基础上，创了小写意一格。稍晚于他的镇江画家谢公展亦以写菊著名，他是在前面两者之间另辟一蹊径的。

砚耕女士十三岁那年从父习画，其时笠仙先生已过了花甲，艺术面貌早已成熟，所以，她必从父亲的成法入手，并且一定掌握得很透彻。从她1963年所绘的菊花册中可以窥见，其形态、墨色和神采，都一脉相承。

砚耕女士并没有满足于对先辈的继承。试看她壬戌年（1982）所作白菊立轴，长枝墨叶，临风飞舞，顿生了超然洒脱的气息。再看她七十七岁丙寅（1986）所作的《松菊延年》大轴，于菊丛中侧挺出一株老松，上不见巅，下不露根，松以墨写成，苍苍茫茫，菊施以五彩，斑斓绚丽。这是重阳时节的大好光景，观之赏之，真可以延年益寿矣！这些例子说明，砚耕女士的艺术，随着时代的变化在变化。她的画，已不同于她的父亲，不同于清初的恽寿平和晚明的钩花点叶派，但又与这些传统融为一体，难以分割。

"花不飘零根不死，东篱岁岁苗新生"，这是郭沫若先生为砚耕女士题诗中的句子，既是对菊花的颂扬，又表达了对为花传神的艺术家的期望。砚耕女士已年届八旬，愿她的艺术如东篱之菊，岁岁新生！

一九八九年七月于金陵爱莲居

一曲故乡引　难尽山水情

——《魏之祯先生书印集》序

萧　平

今年八月，扬州举办纪念王板哉先生百年诞辰之书画展览和座谈会。新霖旧雨，济济一堂。我应邀与会，会间杨小扬兄谈及正在筹编《魏之祯先生书印集》，并约我写序。魏老生前与我情同莫逆，既蒙不弃，当然应命。

之祯先生，字诚生，号心饮，南京人，后移居扬州。他是有着深厚家学的，五岁启蒙即课读习书，严守"撇、押、钩、格、抵"五字法近七十年。先生曾入著名学者王伯沆之门，沆师学识渊博，品行高洁，负一时清望，施教首重敦品砺行。先生因此自少年时就确立了敦品、读书，再及金石书画这一治学道路。他在年近七十时写的《学书偶忆》中，还再三强调这是"正确的必由之路"。所以我们不能仅以书家、印人的身份看待魏老，他是一位人文学者。

作为书家，魏之祯先生真、行、草、隶四体皆备，且各具风采。楷书致力于欧、颜，端庄严整；行书以苏、米为圭臬，上溯钟、王，笔势奇峻风流。先生于隶书用力最深，其十五六岁见《曹全碑》，即爱其挺秀圆润而时时习之。有诗为证："初见曹全秀润姿，精心临习意迟迟。童蒙未识汉人韵，点画惟求形似之。"继《曹全碑》之后，先生历二十年遍临两汉碑版，于《张迁》《史晨》尤所重视，精弘广取，博采众长，不但得到了汉碑的形，更夺得了汉碑的神。与汉人气韵相通，对先生来说还是第一步。第二步是形成自我风格。笔者认为，他借鉴了郑簠、伊秉绶甚至黄葆戉、王东培的变化了的隶法，从中获得了重要的启示。

今天，当我们面对他的自成风格的隶书作品，依然能感觉到他少年时期《曹全碑》的基础，那种典雅秀润的风神。然而又绝不是《曹全碑》可以规范、包容得了的。它端庄平朴中见奇崛，甚至有了行书飘逸飞扬的气势。笔者多次见他挥毫，那种沉稳中的起伏，那种匀润中的峭拔，那是自然的韵律，那是生命的气息！

先生擅篆刻，以秦、汉为宗，兼取西泠诸家之长，形成平正冲和、朴茂自然的个人风貌。他还工诗词，质朴淳真，格调清雅，极见性情。

魏老不惟艺品风流，人品清尚，其于友情亦极挚诚。凡志同道合者，无论新交旧契，皆能竭诚相待。记得一次我途经扬州，登门拜候，魏老欢忭逾常，亲自上菜场买来河虾，精挑细剔，又躬身入厨烹制。清炒虾仁固然不同一般，十分可口，但我更喜爱的却是这盘虾仁反映着他的性情。席间，他兴致极好，从传统美食谈到风土人情，典章文物，足以见先生学养之深厚。

萧平与魏之祯合影

萧平、萧和兄弟为魏之祯先生画像

1988年冬，我在家乡扬州第一次举办书画展。开幕前夕，魏老用隶书写出七律一首，并加小叙，以申贺忱："平弟工书画，精鉴赏而治学严谨，颇多领悟。盖富才华而又力学不息者，是以才近中年便已卓然成家，蜚声海内外。吾敬之爱之且欲效之，而终莫能及。愧悔之余，曾书俚句寄意，兹录奉一粲，并希斧正。戊辰小寒后一日魏之祯并识。文采风流萧伯子，丰神不减少年时。未生白发先辞酒，才近中年便入诗。谈艺屡惊海客座，画山能发叔明奇。楼头夜半琴声起，知是抛书倦眼迷。"先生刚正耿直，胸无纤尘，生平向不轻易溢美于人，而于我青睐有加，实令我惭愧不安。

我祖籍扬州，虽生于重庆，却总是把扬州视为故乡的。故乡并没有我儿时的记忆，也缺少风土人情的体验，在我心目中活跃着的，是一条隐约却又清晰的人文风景线。孙龙父、桑宝松、王板哉、魏之祯、李圣和……多少年来，这些名字成了我对于家乡的牵挂，维系着我与家乡绵绵不尽的情思。在他们身上，我看到了一种古风，就是家乡传统的人文风采，因为他们，就不难想见我并没有见过的前贤陈含光、吴笠仙、蔡巨川，他们都曾为我的祖父作过书画，为我的父亲治过印。还可以上溯到王小某、张老姜，甚至于"扬州八怪"。

之祯先生长余二十六岁，我们虽属两代人，却是忘年之交。他曾有一首绝句："百无一是鬓先斑，逝水年华去不还。天假以年倘厚我，常亲笔砚习欧颜。"这是他晚年的自励，可苍天太残酷，并未假年于先生，先生弃我们而去已十四个春秋了。这些年中，家乡先辈王板哉、李圣和、李亚如、吴砚耕也相继离世，真可谓萍聚而合，蓬飞而分，游辙无常，动增怀绪。

然而，诗文如其人，书画亦如其人。文人书画家的妙处，在于他留下的作品延伸着他的生命，可以长生不朽。载于这本集子中的书、印、诗，不是正以其典雅而灿烂的风采，让阅者感知之祯先生的智慧和生命的律动吗？

写毕此文，夜色褪尽，朝霞隐现。抖落一腔思绪，驱散两肩倦怠，俯视庭除花木，菊花依旧，我怀何如？虽引领高山而难见之流水也！

丙戌立冬前日于金陵

《马千里篆刻集》序

萧 平

千里兄嘱我为其篆刻集作序，并称此集是其花甲之年的回顾与纪念，我不觉一惊，他已经六十岁了，60年代后期初识他时，他尚不足四十岁，二十年只在一瞬间啊！

那是正值"文革"，绿杨城郭的书印朋友们，却似乎身在桃源，醉心于艺术的探讨和交流，充满温馨的气氛，孙龙父、魏之祯、桑宝松等承上启下，带动了一批学子，造成了一代印风。我与家乡扬州的交往即是自那时始，当然也是发自于印，而并非我所长的画，所以至今犹有深刻的印象。然而，好景不长，还未进入80年代，桑、孙先后谢世，尤其是宝松兄，才刚届知天命之年，可谓壮岁辞世，扼腕太息之中，人们自然想到了扬州印坛的前景……近些年，千里兄偶到金陵，每谈及这段往事，总会生出无限的依恋。我知道，他之所以与印结缘，他的篆刻基础和修养，无不发于那时，得于那时，是像孙龙父那样博学的师长；像桑宝松那样才华勃发又待人诚挚的师友；还有更老的前辈蔡巨川先生的敦厚和平易，都一去不复返了，良师益友的逝去固然是一种悲痛，而随之而去的那种艺术风尚则更令人怅然。

这些，大约可算作千里兄的治学背景吧，艺术和人生、情感总是纠缠在一起的。千里兄就像他的姓名一样，具有那种刚烈直往的劲儿，这些年，他埋着头，刻了一批又一批印，并终于在花甲之前出版了自己的集子。

面对他数以百计的印稿，应该说些什么呢？我想，首先是他的韧和勤，大概事业有成者无一例外地具有这种素质。对于治印，千里兄并非天生就会，他

1960年毕业于山东大学生物系，是学生物化学的，并在江苏农学院任教至今。他之学印，始于60年代中期，那时他已经三十五岁了，大约是受了扬州印坛那特殊的气氛的诱惑而"半路出家"的，在教学和家务之余握刀治印。他说，他有三分之一的精力专注于斯，二十五年从未中断，近万方石头被他刻过了，平均每天超过一方，二十五年如一日，不可谓不韧，凿石近万，不可谓不勤。

第二是他浓厚的兴趣。他不仅对印学追求不止，还旁及与此有关的种种方面，如书画、陶瓷、古币、铜器等等，搜集研究，用以丰富、充实自己，他治印的面目也因之变得多姿多彩。

第三是他诚挚待人，广交同仁。他的爽直和真诚在扬州是有口皆碑的，他尊老爱幼，又喜欢"抱不平"，所以同道中无论长幼在他面前大都直言不讳。他也因此获益良多。

第四是他真率朴实的印风。他治印宗法秦汉，入手便是汉印，基础是从朴厚开始的，加上他的个性，这种风格的形成很自然。千里兄又不是一个甘于"老实"的人，他的目的在于"领略古法生新意"。记得宝松兄去世前不久对我说过："千里总想搞出点新的花样，他的失手或许就在这里。"这是严师的态度，不无道理。我想，这恰恰又反映出了千里兄的另一个方面——思变，想"生新意"，这是绝不错的。当然，操之过急，那又会走向反面。为此，千里借鉴晚清诸流派，又特别倾心于吴昌硕，还从秦砖、汉瓦、古镜、钱币上的图案文字中取法，由失手到得手，从幼稚到老练，终于造就了自己的艺术面目，既巧思多变，又朴质自然，既得手传统，又合于时尚。然而，浑朴和率真，是他给予我的最深印象，可以说即是他的艺术大面貌。

千里兄步入花甲之年，他首先作为一个自然科学工作者和教育工作者，其次才是一个篆刻家，况且是晚学而成，鉴于如此，他不能在书法上投入更多的时间和精力，这也许就是他的欠缺之处。书印同源，偶尔也反映在其治印上，对此他颇有自知之明，也并不忌讳别人说起。这也可以说是瑕瑜互见罢了。

　　中国有句老话，叫"文如其人"，其实字、画、印也是如其人的。该集选印四百方，从其技艺、风格、形式、内容诸方面，读者不难看到，至今还是热气腾腾的千里兄的真面貌与他的风格、学养和追求。启功先生见其印稿说得好，"作为一个科学工作者，能刻出如此好印，实属少见"。

　　祝千里兄在花甲之后有更大的建树。

一九九二年清明节于金陵爱莲居

《熊百之诗书作品选》序

萧　平

七年前，贤妻正玉六十初度，我曾作《四季墨花卷》为贺，建南小弟携去家乡扬州征求题咏，夫人带回示我，洋洋洒洒四家诗也，李秋水、李不殊父女、熊百之、杨小扬，诵读之余，殊感兴奋，这是现时扬州的一道亮丽风景线啊！不禁让我想起已逝多年的孙龙父、桑宝松、魏之祯诸先生，那曾是我每每回归家乡的兴奋点。诗书画印的一体，使中国艺术独树一帜于世界艺术之林，这是我们十个多世纪的优秀传统。然而西学的东渐与世情的浮躁，人们大多竞趋浅薄的时髦而忘却本根。我的感触由是而生——家乡的一隅，依然有贤者默默坚守着民族艺术的净土。

笔者正是在这样的思绪中记住了熊百之的名字，他那工稳清逸、让人遐想的诗句，他那波磔自如、骨气洞达的章草，给我留下了深深的印象。

在扬州友人中，百之兄是较晚相识的，他是魏之祯先生的高足，先生在世时曾向我提及，然未及引见，应是神交在前的。真正的相晤是在近些年，但觉其沉稳寡言，有谦谦君子之风。之后，又蒙以《靖江熊氏书法传承录》相赠，方知熊氏一族，诗书已是六代相传，其家学渊源如斯。家学、名师，加之勤奋的耕耘，敏捷的悟性，成就了今天的百之。

隶书是百之兄的主攻书体，他从汉碑入手，首先抓住的是东汉《史晨前后碑》，此碑端正谨严，为学隶取法的津梁。林散之老师年近七十时，还时时临此碑以为晨课，百之是否受到了散翁的启示？而后，他又遍临了端庄大度的《乙瑛碑》，朴厚雄健的《张迁碑》，甚至颇为特别的《好大王碑》等等。临习的第一要义是吃透对象的法则与精神，建立自身的基础。杜甫说："转益多师是汝师。"取法诸家之长，取法诸家中适于自我性情者，"化出自己的一片天地来"，才是临习的最终目的。

我想，坚守传统的百之，这当是他对于传统的态度和原则，或正是他实践的心得。册中，他拟瓜洲古渡联"此处还余扬子渡；令人遥梦广陵潮"隶书，乍看与他所习诸汉碑均不似，细品则可知从《张迁碑》化出，字形取方，加以波磔，在隶楷之间还约略参以篆意，这便是他出自汉碑的自我风格罢！与其师之祯先生取法《曹全碑》遒劲秀逸的书风对照，似乎看不出什么传承关系。

师生书风不似，为什么？从教授者看，高明的老师必自高处着眼的，魏师说："第一是做人，第二是做学问，然后才可以言书法。"他抓住了根本，当然不会再让学生临习自己的"小技"，而授以高远的汉、魏、晋、唐……自学习者言，好学、勤学，更要善学。善学就是能悟、能化，有了这个条件，就能够理智的根据自身性格、情趣，确定自己的审美取向与前行道路。百之做到了。记得齐白石说过："学我者生，似我者死。"所谓"学我"并非亦步亦趋地摹拟笔墨样式，而重在理念与精神的领悟。这样的教与学，值得赞赏与提倡。

百之在失去魏师之后，曾作《梦魏师》一诗："载酒扬亭勤问字，呼舟月观适敲诗。忽惊失却严师训，古巷依依梦昔时。""古巷"应指魏老久居的探花巷吧？笔者也曾不止一次去到那里。作者瞬间的失落，隐隐的痛惜，是真情的自然流淌。七十岁的他，再书此诗载于册中，他难忘师教，并秉持这一观念教诲着自己学生。

我看过他《给弟子的一封信》，他说："书画靠的是真功力、真本领，浮名、虚名要不得。"是的，他的老师林散之、魏之祯是这样的，他是这样的，他教育学生也这样去想，这样去做。这是做任何领域学问都应该坚守的信念，但在今天，似乎带有反潮流的精神了。这样的精神师承，难能可贵！

百之兄的书体中，章草是隶书之外的又一亮点。章草是隶书的草写，由隶而章草，顺理成章。扬州的先贤皇象就是章草的高手，相传为他所作的《急就章》，百之一定临过的，其稳健的结体，沉着的笔势，即得之于此。他又步步减省了点画的波磔，参用了今草的笔意，这是他对于章草的变通与解放，渐渐形成了自己的个性色彩。册中《谢桂林治巨印》三首，诗书俱佳，书即为变通解放了的章草，显示了他的古朴遒健的风神。在扬州，前辈孙龙父先生以章草著称，所书奔放酣畅，深深镌刻着他的个性风骨。百之的聪明在于走自己的路，这样，他才有了与龙父先生风格迥异的属于自己的章草。

拒绝跟风而善于借鉴，是百之的特征，笔者注意到他所书《东坡七言句联》，似乎参考了杨法篆隶的变体，偏于方拙的《白乐天句》，又有了金文的趣味。这些大约可以为他作书的善鉴与善变作证。

百之兄平和处世，淡泊名利，低调做人。"花落花开飘也雨，云舒云卷快哉风。诗书修得清和境，人在怡然自适中。"是他生动的自我写照。这种淡定与自适的境界，正是笔者所向往的。

今年是百之兄七十华诞，他在弟子的鼓励下，出了这本《诗书作品选》，累累佳作，是他数十年砚田力耕的收获，谨此祝贺。是为序。

癸巳重阳于金陵爱莲居灯下

铁骨虬干　高标逸韵

——《金砚石画梅集》序

萧　平

　　扬州是我的祖辈曾经生活的地方，我的故乡。扬州自古以来书画之风甚盛，祖父及父亲都与当时的扬州书画界有所交往，这是半个多世纪前的事了。因为这个缘故，我与扬州的书画坛及前辈书画家便有了特别的感情。这一感情至今又以另一种方式在延续着，即对于他们后人或者传人的关注。金砚石是扬州老画家王板哉先生的学生，传承了板哉先生的衣钵，在书画上已有了不俗的成绩。

　　扬州在清初至中期，出现过不少著名的画家。康雍乾三朝，扬州的画坛最为活跃，以石涛与"扬州八怪"为代表，达到了高峰。"八怪"之后，由于经济的衰落，扬州画坛也逐渐寂然。虽有少数画家续其遗风，但气局偏弱，这一状况延续了许多年。新中国初期，王板哉先生来到扬州，作为画师，直至终老。板哉先生乃山东人，他的书画透着鲁人的爽直与豪迈。他又不自觉地受到扬州人文环境的影响，他的艺术靠近了扬州人的审美情趣，同时影响着五十年代后的扬州画坛。

　　砚石是板哉先生的高足，他全面而出色地传承了乃师的艺术乃至品格。首先是绘画。砚石善花鸟，尤以画梅擅长，他从板哉先生那里学到了用笔的爽利与豪迈，这是风神，又是功底。板哉先生是白石山翁的弟子，他把老师的大写意稍稍向小写意移步，又兼取了"八怪"中李鱓的用水法则，形成了自己的新风。砚石的梅花品性出自其师，甚至愈加纯粹。他的梅花，正如其师所评："枝干如铁花媚妩，恰似佳人有傲骨。"这种刚挺与妩媚在对照中融合的风神，是梅花给予我们的感受，恰恰在砚石的作品中得到了充分的展示，这是笔者所赞赏的。试看他的笔下之梅，或引枝向上，或曲折回环，或疏影横斜，或密枝繁蕊，变化生姿，仪态万方。在家乡画梅高手汪士慎、金农、高翔、李方膺、罗聘、方华之后，我们高兴地看到了金砚石的身影。

其次是书画并擅。砚石的花鸟画继承着中国文人画传统，以书法入画。这一传统从"青藤白阳"到"扬州八怪"，再到吴昌硕、齐白石，直至板哉先生，证明这是写意花鸟画的成功之路。砚石在书法上下过足够的功夫。书与画并重，是板哉先生的特点，也是砚石的擅长。他近四十年如一日，在大量的书法碑帖中广收博取，形成自己灵动洒脱、自然流畅的书风，书法创作曾获得全国一等奖。书法上的功底，大大成就了绘画，他画中呈现的书法用笔的美感，是目前许多写意花鸟画所缺失的。

第三是人品与艺品一致。砚石在上世纪七十年代初便拜师板哉先生研习书画，直到九十年代，二十余年师生感情甚笃。老师的书品、画品及人品对他影响至深。他是一个性格敦厚、真诚朴实的人，不张扬，不做作。当然，这并不等于他没有个性，他的个性表现在其对书画的执着追求，表现在其作品内部迸发出来的倔强与桀骜，这是画品，也即人品。

扬州是中国历史上经济与文化名城，并曾一度成为绘画的中心。扬州的文化传统深厚，扬州的书画之风依然，扬州人对于书画的热情亦未消减。我们在对历史经典的津津乐道中，对艺坛大师的顶礼膜拜中，不妨关注一下扬州今天的画坛，关注一下我们身边的如金砚石这样的画家。我想说的是，他们在冷寂甚至清贫中守护着扬州人世代相传的艺术之光，他们是扬州书画艺术的薪传者，他们对书画艺术持之以恒的追求，既是其个人的情愫，也代表和反映着扬州一地的文化现象。文化传统的延续，需要一定的文化环境，如此扬州的优秀文化才能延续和复兴。

辛卯之秋于金陵爱莲居

"三绝"的追求者

——杨小扬书画选序

萧 平

　　与抑之兄交往的时间不长，真正的接触是在2006年王板哉先生百年纪念画展的研讨会上，他邀我为魏之祯先生九十诞辰的书印集作序，自此我们有了交往。他给我的印象是谦和、诚信与踏实。再联系到他为王板哉、魏之祯、桑愉诸前辈生前身后所办的实事，我便确信，这是一位可交的朋友。

　　人生的许多人与事，大约都因一个"缘"字，生发出这样或那样的故事。我与家乡扬州的情感，就联系着上述的几位前辈。谈到他们，我与抑之会有许多共同的回忆和语言，他们就是我们交往的基础，这是一种缘。

　　抑之兄，名小扬，癸巳（1953）生人。他的名与字，亦扬亦抑，合了中庸之道，或许正是他处世立身的理念罢！他中学便入了魏之祯先生之门，二十年如一日，事师如父。我读了他写的《魏之祯老师的书房》一文，深受感动，那种隐隐的，却又刻骨铭心的真情，让我感受到的是暖暖的家乡的人文古风！

　　抑之在魏师的指授下，打下了稳固的楷书基础。二十五岁时，他由魏师介绍，第一次拜访林散之先生，当他陈上所临的《麻姑仙坛记》时，林老即批下了"浑厚端方，得颜平原用笔之法"十二个字，他又入了散翁之门，一学便是十年。散翁不但授其书，还启发他做诗，拓展他的视野和襟怀。

　　1980年，他观摩林老个人书画展有感为诗："一代称书圣，谁为论苦辛？几篇功课字，羞煞画符人！"他在习书、学诗的同时，感悟先师的苦乐，学习先师的为人。

今夏，抑之兄筹备出版书画集并约我为序时，寄来一份简历，他在扬州市委的若干部门工作了二十多年，2005年调到文联，终于使爱好与工作结合在了一块。我仿佛感觉到他欣慰的叹息。一个自幼的爱好，到了知天命之年，终有了自由驰骋的天地。

关于抑之的书，楷法颜真卿，是筑基，是他书法的骨，又参以褚遂良，借助以增其风姿。行草由魏老上溯宋人，用力于米芾、黄庭坚，奇峭风流，自具一格。册中丁亥年书《欧阳文忠公千年诞辰纪念》一幅，洒落倜傥，书中豪情与诗中豪情相呼应。他还擅隶，起初当然得力于之桢先生，现观其作，又加入了许多汉简的意味，古朴而劲拔，册中十一字联最为典型。

抑之余兴为画，自兰竹始，扩而松、梅、花果，还偶作山水，属文人墨戏一类，饶有情趣。如《四柿》一图，笔墨简省而富变化，亦巧亦拙，略类罗两峰，又以小行书长记其女嗜柿趣事，阅之令人莞尔。再如《江天帆影》，作陡壁双帆，笔墨简略而意境深远，与八大山人有似。

抑之追求着的是诗书画的"三绝"境界，而这正是中国艺术的本质特征。许多先贤从这条路上走过，从这条路走向辉煌。抑之兄灿烂的前程，我将拭目以待。是为序。

己丑仲秋于南京爱莲居

《湖上剑石书法篆刻集》序

萧 平

画友湖上剑石属马，1954年生人，小我一轮十二岁，今年已届古稀，拟刊书法篆刻集以为纪念，索序于我。我与剑石相识相交数十年矣，同乡（他虽南通籍，而久居扬州；我则生于重庆，而祖籍扬州）、同道（皆事书与画）、同会（皆中国民主促进会会员），又同属马，有此四同，当不能辞的。

关于中国书画，苏东坡诗曰："论画以形似，见与儿童邻。赋诗必此诗，定知非诗人。"诗画并论，同在写心抒情，而非形貌之似也，又重于随心变通，方时有新意与趣味，这大约正是中国文人艺术的本质。赵子昂亦有诗云："石如飞白木如籀，写竹还于八法通。若也有人能会此，元知书画本来同。"书画同源同法，画之六法与书之八法相通相融，当是不可分割的一体。

剑石深谙斯道，他追求着书从画入，画为书出，熔书画印为一炉之境。这不正是中国文人书画的至高境界么？扬州八怪是这样，海上画派之吴缶庐一系也是这样。

剑石原名剑峰，别署湖上剑石、湖上散人、借园堂主，其谓"湖上""借园"者，广陵瘦西湖也，他供职于此许多年，直至退休。他对于诗书画印之情怀，抑或得之于斯湖之蒙养。他的习艺之路，大约开端于篆刻，有幸得到乡贤孙龙父、桑宝松两先生的悉心教导，以秦汉印为基础，凿石无数，打下坚实根基。同时习书，偏重于篆，自古籀、石鼓、秦诏至汉隶、简牍，无不一一苦研。他极爱缶翁吴昌硕，心追手摹，于其石鼓文用心尤多。且渐扩大到师其行草及花木之写意。缶翁由印入书又以书印入画的独特路径，正合了剑石的性情，成了他效仿的榜样。他的可贵在变通，如郑板桥说的那样，涉及其部分又弃其部分，始终有自我在。更上溯扬州八怪，把画意参入作书，又以书法作画，自我面目便日渐鲜明起来。

我喜欢他集中的两副楹联："山川异域，风月同天；楚汉有界，大爱无疆。"集篆、隶、简、草于一体，有情有趣有新意。"道德五千年，乘牛出函谷。腰缠十万贯，骑鹤上扬州。"拟金文笔意，浑朴中见松灵，随心放笔，画意盎然。

剑石亦擅行草书，往往纵横不拘，多自缶翁化出。他又爱高二适先生草法风神，每欲效其奇险之境。对于绘画，剑石特重写意，自缶翁始，上溯白阳、青藤、扬州八怪，其笔路与李复堂尤近，率意淋漓，不拘一格。

剑石年方七十，体格健壮，笔力雄强，愿其勇猛精进，力攀高峰！是为序。

时癸卯元月廿日于金陵方山在望之楼，戈父萧平年八一矣。

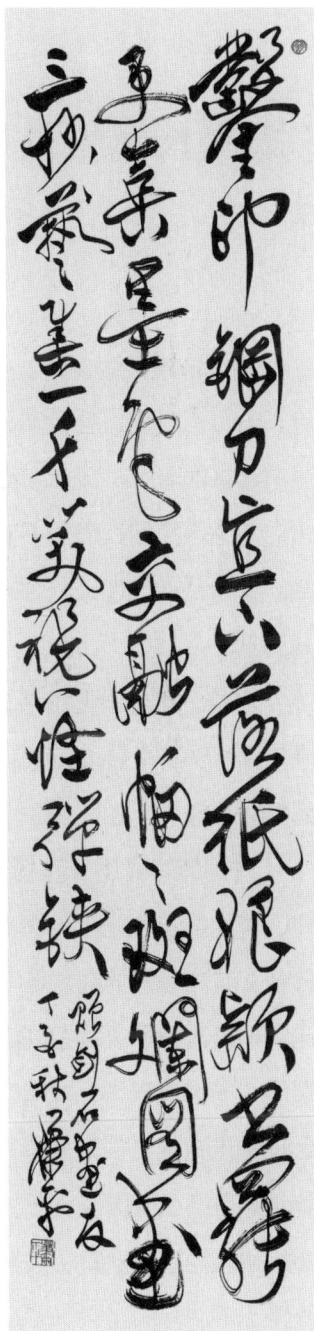

萧平先生为郭剑峰画展题字

《扬州八怪的艺术世界》序

萧 平

扬州从古至今，都是一座独具魅力的城市。早在唐代，即"商贾如织，富甲天下"。清康、乾时期，盐业兴盛带动商业和手工业发展，极大推动了扬州城市经济的繁荣。盐商多徽人，"贾而好儒"，吸引大批文人、书画家来扬。由此产生了扬州八怪的书画群体，作为扬州独特的文化遗产，三百年来魅力不减。特别是近代以来，"八怪"对写意花鸟画的影响，使得更多的研究者加入其列。

日前，田洪自昆山来，邀我为他的《扬州八怪的艺术世界》一书作序，概因我作为"扬州书画三百年"的研究者，总有些话可说；其次是我与此书两位作者薛锋、薛永年之间皆有长达四十余年的交谊。

我与薛锋先生算是扬州同乡。上世纪六十年代中期，我在南京博物院工作，曾随徐沄秋先生数次去扬州，都是与书画鉴定有关。七十年代末、八十年代初，我与扬州的交往渐多，因此结识了薛锋先生。他年长我十多岁，给我的印象是为人谦和，精力旺盛，除美术理论研究外，亦擅创作。我们见面时经常探讨"扬州八怪"、扬州绘画史以及当代书画的一些问题。我知道，薛锋先生对于扬州的意义，一是参与扬州国画院的筹建，二是对于扬州八怪的研究，具有"拓荒"之功的。他还筹划成立了"清代扬州画派研究会"，主持编写了《扬州八怪研究资料丛书》等等。2002年，他以七五高龄，提议举办了"扬州八怪艺术国际研讨会"。薛锋先生对扬州八怪的研究是执着、深情的，即便在个人境遇不佳的岁月，依然不改初心。如今薛锋先生与我，虽处南、北二京，因书画鉴定与史论的研究而成为挚友。

我在1981年离开南京博物院到江苏省国画院工作之前，即与永年相识。缘于我曾写过一篇关于出土文徵明书画扇的文章，圈内人颇有好评，这是事后永年告知我的。及至八十年代初，国家文物局成立中国古代书画七人（徐邦达、启功、谢稚柳、谢辰生、杨仁恺、刘九庵、傅熹年）鉴定小组，我与永年同为徐邦达先生的学生，往来接触的机会更多了。永年于六十年代中期中央美术学院美术史系毕业后至吉林省博物馆工作，七十年代末又考入中央美术学院美术史系攻读中国美术史专业，取得硕士学位后留校执教至今。他有深厚的美术史基础，研究方式融汇中西，又勤于向徐邦达、启功二位先生请教，加之博物馆工作期间接触过大量的古代书画真迹，使得他具有相对全面的书画鉴定素养，因此研究成果丰硕。

与薛锋研究扬州八怪侧重于画派历史价值所不同的是，薛永年的扬州八怪研究，是从个案到整体，以及画派的发展和影响。他的个案研究是从华嵒开始，再及李鱓等，尤其对李鱓有着更加深入的研究。他在教研之余对于扬州画派的研究，时常得到薛锋先生的帮助。他们在研究扬州八怪的艺术环境问题上，有着共同的认识，即合著的《扬州八怪与扬州商业》。薛锋先生作为扬州本土的研究者，而永年是高等院校专业史论研究者，两者的合作具有互补性，相得益彰。永年与薛锋先生的友谊也是在对扬州画派及"八怪"研究中结成的。

2019年4月，我在扬州策划、组织了"扬州画派三百年展览暨国际学术研讨会"活动，这是继薛锋先生2002年举办的"扬州八怪艺术国际研讨会"后的又一次盛会，永年兄欣然应邀。活动间隙，永年向我提出去看望薛锋先生家人的愿望，虽然最后因故未能成行，但看出永年对于薛锋先生的感情是真挚的！

田洪接受永年兄嘱托，在其与薛锋所著《扬州八怪与扬州商业》一书基础上，进行重新整理、汇编，加入他们各自研究扬州画派尚未发表的十二篇论文，并命名为《扬州八怪的艺术世界》，由浙江大学出版社出版，这既是对薛锋先生最好的纪念，也是对扬州八怪研究的一次充实和系统性梳理。该书围绕清代中期扬州地方商业经济发展与扬州八怪艺术史进行研究，不仅可以使读者清晰地了解扬州八怪的创造与成就，亦为后人研究扬州画派提供了值得借鉴的资料，对于扬州八怪与扬州地方艺术史研究，厥功至伟。

匆匆数言，是为序。

二○二○年九月于金陵爱莲居

郑板桥画作真伪之辨

萧　平

姜堰吴先生：

　　来信并郑板桥画照两帧均收到。从作品照片看，已较破旧，有一定的年份，属于旧迹，但旧迹与真迹还有相当的距离，因为一般有名于时的书画家，生前即有仿造作伪者。元代的大画家钱选，一生多次变化画法，其目的之一就是防备被人作假，如若画风单一者，被人仿造就更容易了。郑板桥是有盛名的书画家，当时即有仿造其作以谋利者，所以传世署名作品中伪作多于真迹。

　　郑板桥（1693—1765），名燮，字克柔，号板桥，江苏兴化人。乾隆元年（1736）进士，为人疏放不羁。曾为潍县令，因岁饥为民请赈，得罪大吏，罢官归来，居扬州卖画为生，是著名的扬州八怪之一。

　　板桥诗、书、画称"三绝"。诗有别趣，小唱、道情尤为精彩；书亦别致，隶、楷、行、草糅合一体，大小差参，如乱石铺街，自称"六分半书"；其画限于兰、竹、石，画又从纸窗竹影得到启示，讲究聚散之趣，又多用挑、剔之笔，峭挺而具风劲之感。画兰之笔亦劲拔有风姿；写石则取侧锋勾画轮廓，再以横笔抹擦，又较少点苔。

　　你寄来的画照，其一纯画竹，题"新竹高于旧竹枝"一诗，此诗载板桥集，确是他的诗。画笔亦基本取板桥之法。但问题在于：竹竿、竹叶用笔偏弱，又过于单薄，全无劲峭挺拔的力量和气势；题字虽亦用"六分半书"，但较为生硬，缺乏自然生动之趣。另一幅画竹石，题"一块石，两竿竹"者，画面散而不聚，格外薄弱。因此可以判断两图均为旧仿品。

　　笔者另取一幅板桥作品《君子之谷》，借以对照分析。此图见于两年前嘉德拍卖会，无论竹、兰、石，都是板桥的典型风格，图面疏密有致，浓淡相宜，笔有交代，且无不具挺拔之姿。自题曰："石多于兰，兰多于竹，无紫无红，惟青惟绿，是为君子之谷。"应是画后即兴之题，既大合于画意，又表达了作者清高不俗的襟怀，这才是板桥的真迹。

二分明月
故人情

ERFENG MINGYUE
GU REN QING

萧平艺术的时代意识

丁家桐

国内外艺术评论家，对于萧平的艺术多有褒词，评说的侧重点在于强调萧平的传统功夫。北京的权威称他为"江南才俊"，香港的媒体称他为"传统捍卫者"，徐邦达老先生认为萧平的学问修养颇似清初的青溪道人程正揆，南京的马鸿增先生则认为萧氏的艺术造诣和治学功力"颇类于明代吴门画派的文徵明"。还有他的书画鉴赏水平，被同道誉为"江南一眼"。仁者见仁，智者见智。重复诸贤的论述会耽误读者的阅读功夫，我这里着重从另一个侧面，即萧氏艺术的时代意识，来作一探讨。

萧氏以山水画著称。他的山水画之评，较多论者以为取宋人之骨，元人之韵，明人之变，自成一体。就前代山水画大师言，上追董巨，包融元明，具石涛之逸放、弘仁之冷隽、四王之秀媚、金陵画派诸家之神韵，是江南山水"水文化"之产物。这是一串炫人眼目、色彩绚烂的光环。沿识家之路细谈萧氏山水画，一方面会有所得，一方面又会感到难于捉摸。如果后人认定某人即某人，本意是崇拜，其实只是承认今日某人只属二流画家，只有自成面貌的画家，才足以堪称大师，堪称巨匠。这就如鲁迅言，吃牛肉的人并不变成牛，而是吸取了必要的营养，化于无形。食牛而类牛的人，又何贵之有？我见过的萧氏有限的山水画，曾联系石涛、龚贤，还有弘仁、石溪，但萧氏之山水画，绝非明清诸大师之画的现代版。

以《晓山》为例，萧氏以大写意笔法绘江南山水，近处有丛树山村，占画面十分之九的物象则是晨光中的山峦云霭，一片朱红，题云："漫泼朱墨画晓山。"这是江南山水，但不是石涛之山水，不是弘仁之山水，不是八大之山水，而是共和国时代之江南山水。石涛说"笔墨当随时代"，这是一条永恒的艺术法则。所以，山河蒙羞时代，弘仁山水是傲山怒水，八大山水是重心欹斜的怪山怪水，石涛则是烟雾氤氲的迷蒙山水。萧氏不同，萧氏堪称共和国之子，萧氏是二十世纪与二十一世纪之交的时代宠儿，所以他的笔下是朱墨晓山，一片光明，一片生机，一曲江南山水的颂歌，一片耀眼的灿烂。

萧氏有一幅《麦收后的田野》，同样是山川沃土，时代气息表达之酣畅，使人叫绝。此画得稿于庐山脚下，画面呈现初夏季节的岗地田野，以浓绿为基色，野地、草木、秧田、沼泽，处处泛着水光，饱含着生命的养分，即便是远处的山峦，青灰浅绿，也闪耀着生机勃发的希望的色彩。这是一片生机盎然的大地，一片锦绣田园，最精彩的是由田间小路展示的线条，极为自然酣畅，富于韵律感，抒写着画人胸中对于江南土地的膜拜之情，对于生命的赞叹。作山水画需要依傍前人，但山水不是无情物，山水有灵，也随时代之兴衰得失而喜怒。可仿者是形，不可仿者是神。萧氏山水画善于在不经意间捕捉山水之灵，最关键的是于不经意间显示时代之亮色，窃以为此乃欣赏萧作最应着眼之处。

再说人物画。萧氏亦属人物画高手，一幅《普米族祖孙》，堪与罗中立之《父亲》媲美。云南西北高寒山区老妇人背着小孙女，"在她们脸上书写着天伦之乐的诗章"，可谓入木三分。布满沧桑的老妇人的脸上皱纹密布，昨天的苦难化为今日之欢愉，全在古铜色的一张老脸的纹路中透露，一男一女，一苦一乐，与名作《父亲》有异曲同工之妙。中国古代的人物画重写神，但对于人物的解剖生理研究甚少，往往躯体各部位比例未当，从徐悲鸿开始，传至萧氏一脉，现当代人物画家，吸取西方绘画之技巧，人物画力追求形神兼备，光彩照人。《山鬼》绘屈原《九歌》中窈窕少女，上身赤裸，长发垂腰，薜萝的裙，骑赤豹，伴文狸，风情万种，使古典美与现代美相统一，精采地表达了现代人所理解的屈原心目中的山鬼形象，神手其技。

萧氏作人物画，他的经历是古人无法达到的，即他普遍游历欧美东瀛，对于各色人种之形象均仔细揣摩，在一幅《迪士尼的诱惑》中有充分的表现。画面展现的是迪士尼乐园的观众，远近三十二人，男女老少，或坐或立，或骑肩，或携抱，或惊诧，或谛视，或等待，或摄像，或大乐，或照拂幼童，或情侣偎依，诸色人种，服饰各别，但目光凝聚于乐园某一物象，三十二人之动态各有摆布，互不雷同，瞬间凝固，精彩纷呈。这是萧氏人物画功力的全面展示。

萧氏人物画，还善于运用强烈对比，冲击观众的视觉印象。《钟馗及其妹》写小妹倚钟馗之肩，枇杷满地，酒瓮在侧，男与女，白与黑，老与少，沉思与侦视，现代与传统，互为辉映。画人有自制小曲一首，并钤以"清湘麓台戈父同为壬午生人"印，记他与石涛、王原祁均为壬午年出生，先后驰骋画坛，古今同缘，趣味洋溢，也是画坛一段佳话。还有一幅《为艺者》，亦属运用强烈对比手法，使人视觉一新的佳作。布满画面的是抽象派几何图形的雕塑。雕塑体积宏大，底部则绘有处于疲倦状态的西方艺者，一人席地而从，工具弃地；一人则侧卧于地，用锉刀修饰作品，作最后的加工。用钢锉、油漆完成的抽象派作品，与以东方笔墨勾画的写实的人像同处于一幅画面中，极不调和而又极为调和，关键在于"为艺者"这一标题。此图系于美国华盛顿所见以后的艺术创造，巧妙地运用东西方不同造型手段的对比，沟通东西方文化，形成强烈的震撼人心的艺术效果。

就个人读画而言，萧氏作品在题跋中时代气息十分浓厚。萧氏长于诗，长于曲，这且不说，引人注意的是他习惯用语体文作长跋，寓诗情于白话之中。请看一幅《新世纪的祈盼》，在正圆形画页上绘莲灯、陶鸽与瓷娃娃三种互不关联的静物，作者的长跋是这样的："一帧小小的图画，画着并无生命的生命：唐代长沙窑的雏鸽、清朝景德镇的青瓷娃娃、去岁元宵小玉儿购之于南京夫子庙的并蒂莲花灯。和谐的物象，叙述着一个悠久的传统，这是十个世纪的文化承传，十个世纪的沧桑，也不能改变这并无生命的生命和谐。这帧偶然写生的小画，寄托着我莫大的祈盼——愿新世纪带给地球村的，是和平幸福的乐章。"

传统的形式，时代的语言，借古今三种物象，表达人类的共同心声——祈求和平，一个永恒的主题。在三种互不联属的物象中，我们看到了一根线——中华文明的赓续之线。千年文化，其中不乏刀光剑影，不乏血雨腥风，但历史留下了喜童、驯鸽、灯彩这些不同时代的物象，寄托着不同时代人们的共同期盼：和平。于是，这一幅看似无心的画面便有了深邃的内容。

我还想强调的是，作者的文字功夫极佳，有的题跋简直是一幅神思飘逸的小品。他有一幅《似锦年华》，绘瓶花，下端的长跋为："立冬已经过了八天，再过一周，就是小雪了。大约只有不畏风霜的秋菊，依然盛放着。朔风吹起来带着落叶飞舞，阳光越来越可爱，晒在脸上身上，暖在心里。我闭起眼，太阳射着的眼皮红亮红亮的一片，先想到的一年又将过去，长长地一叹：今天是什么日子？十一月十六日，啊，啊，爱妻正玉四十四岁生辰！晚上小玉举杯祝酒，'祝你永葆青春'。我画了这盛放的一瓶花，大约是春夏的花。我不画菊，因为心目中人生的秋天还很遥远，……"跋语用隶体书写，波磔飞动，现代而又古朴。逐字逐句咀嚼这一则题跋，使人油然忆起朱自清的散文，忆起徐志摩的抒情诗。对于时序，对于爱情，画人有这样细腻、这样缠绵的心灵感悟，不能不击节三叹！当代不乏散文佳作，但往往失之冗长，至于万言大散文，长则长矣，他人又如何背诵。萧氏别开生面，在画幅上写散文，如苏东坡之《承天寺夜游》，如刘禹锡《陋室铭》，精短而隽永，佳画佳文，堪称双璧。

《似锦年华》载于萧氏《爱莲》画册。画册以莲为题，收与莲有关的山水画、花鸟画数十页，表达画人的人生追求。给我印象最深的是《夏日清品》，绘莲蓬数只，红菱一捧。萧氏生活于金陵闹市，见爱妻从常熟带回的乡产，遂有斯图，认为"娇媚无比，我见犹怜"。现代都市人钟情房车华屋，黄金珠玉，犹恋恋于荷塘水产者能有几人？我云萧氏画具现代意识，读此图便知现代意识中又具有古代文人优秀传统的传承。《爱莲》之作，颇富寄寓。还是徐邦达老先生说得好："萧生合有新奇格，何问青藤与白阳。"萧氏艺术，从传统中求新，求新而不背弃传统，真是故人青眼之评。

（作者系著名作家，扬州市文联原主席。）

读《虹桥修禊之图》

李万才

坐落在小秦淮东岸的"绿杨村"酒楼，目前正浓妆艳冶，以其俏丽的姿态出现在人们面前。然而，最引人注目的还是楼上正厅中央布置的一幅大型园林人物画。该画题名《虹桥修禊之图》，作者萧平、萧和弟兄二人。

"虹桥"原名"红桥"，维扬风骚之地。清初有大诗人王渔洋作"红桥修禊"，被评为"风流欲绝"。至清乾隆中叶，又有两淮盐运使卢雅雨继之，当时有文人、学士七千人写出诗篇三百余卷，实属壮举。无怪《梦香词》说："扬州好，第一是虹桥。"因而后有将虹桥比之兰亭者。据载，曾有不少知名画家对它进行过描绘，其中以"八怪"之一的李蒐所画的《虹桥揽胜图》最为出色。可惜，因史的洗劫，均已失传，以致今人难领略当年虹桥的风采了。幸二百年后，又有了萧氏之作。

画家萧平，原籍扬州，现在江苏省国画院工作，为著名画家亚明的高足。精鉴赏，通文史，尤长于丹青。数年前有位同道曾在《南京日报》上以唐寅誉之，虽属雅谑，但若以江南才子论之，其声名堪与唐寅比并当时。

《虹桥修禊之图》，长及丈余，高约四五尺，气势很大。图中主要表现了十五位人物，这些人物的造型，大多有所依据，或根据人物的传记和诗文加以认真揣度。如图中左第三人，面向东倾，疏髯高颡，脑后发辫细长如绳，俨然"布衣雄世"之金农；中部偏左一位诙谐而笑，双手击掌者，无疑是"三绝诗书画"的板桥老人；右边一位严肃而立，似在思索的青年，应是以《鬼趣图》抨击黑暗现实的罗聘；此外，手持紫砂茶壶的品茗者，正是"七峰草堂"的诗翁汪巢林，那左边的第一人，满腮胡须，正伏案疾书者，乃是来自东海的"七闽老画师"瘦瓢……看来画家的《虹桥修禊之图》是将"扬州八怪"共十五位画家聚会在一起，他们读诗、论画、品茗言笑，意趣盎然。

图中，人物的面部采取传统的肖像写实手法，个个性格鲜明、神态毕肖。人物的衣纹采取疏朗而凝练的线条，有着装饰情趣和书法韵味。最迷人处还在于对周围环境的描绘，画家以诗的语言生动、细腻地描写了瘦西湖的秀丽风姿：水净花明，绿柳如烟，著名的五亭桥、白塔如倩装仕女一卧一立，处处洋溢着春的气息，为我们创造了一种疏秀而缠绵，明丽又迷蒙的意境。

原载《扬州日报》1986年12月14日

（作者系美术史论家，扬州博物馆原副馆长。）

鉴析千仞　艺游八荒

——评著名画家、鉴定家萧平

李万才

　　曾经思索，为什么郑板桥在"扬州八怪"中声名最大？得出结论是艺术才能全面。板桥诗文、书画、篆刻样样精妙，可称全才。多支烛光要比一个烛光的亮度大，以此论及江苏著名画家萧平亦然。

　　萧平是江苏省国画院一级画师，其绘画在国内外享有盛名。在绘画上，山水、花卉、人物皆擅。其山水取王蒙之"苍"，又合石涛之"润"，并融合"宋骨""元韵"和明末诸家之变。特别是近期出访美国、日本、新加坡等国，对中西绘画有更深的了解，在较其优劣和广取博收中天才创造，画风为之大变。他曾在《秋山斑斓》一画中说："古法今法，中法西法，法法通理，理出造化。此图何画，非驴非马，马驴合之，生骡亦佳。"观其画，实已到了自由之境，走出自己的新路。萧平长期生活在江南，受到磅礴隽秀的钟山蒙养，又受到南方文人气息的熏陶，所绘山水具有华滋丰藏、洒脱俊秀之趣。他的《牛首春浓》和《栖霞之秋》等优秀作品，深得世人赞赏。

　　萧平也常作花卉。他的花卉既有徐天池之纵逸，又有李复堂之豪放与吴缶庐之沉酣。有时泼墨、泼彩，能做到收拾自然，情趣横生，色彩娇艳而不妖，笔繁墨厚而不塞，灵秀、郁勃之趣尽情流露。

　　在书法上，他承受庭训，初从欧、颜入手，转攻汉碑、竹简，取境高远。其草书则以孙过庭《书谱》为宗，后又吸取黄山谷及明末诸家，放逸自然，清劲跌宕，别具风貌。"更怜书法连图绘"，这是徐邦达先生对萧平书法与绘画兼擅的赞誉。

萧平以画意用之书法,挥毫时迅疾如飞,浓淡枯湿,起卧争让,不可端倪,极具画意。反之,又以书法线条施之于画,因其笔墨运动的抽象表现,更增添了绘画的意象美,将中国传统文人画推向一个更新的世界,实令同辈画家刮目相看。

此外,萧平精通画史、画论,著述颇丰,出版专著达七种。其《龚贤研究》《陈淳研究》《爱莲居艺谭》等,甚得同道好评,人们皆以"画家风流,学者本色"称颂之。

上述成就仅属萧平的半个世界。更难能可贵的,萧平还是一位杰出的中国书画鉴定家。

清初著名画家龚贤曾说:"作画难,而识画尤难。天下之作画者多矣,而识画者几人哉?使作画皆能识画,则画必是圣手。"换言之,如果鉴家能画,那么就可称为"神眼"了。但自古以来,既能画又能鉴者甚少。

中国书画鉴赏一学,"文革"后几乎濒临绝境。中国虽大,在同行所有中青年中,既能画又能鉴定者实属星凤,而萧平足以当之。萧平1963年毕业于江苏画院。因聪明好学,素质较高,被南京博物院曾昭燏院长一眼看中,被选进南博从事中国书画鉴定工作。当时,南博书画鉴定有三位老者,均各擅所长。一为徐沄秋先生,精通画史、画论,熟谙明清各家;一为王敦化先生,精于篆刻和纸贡、绢质的研究;另一许莘农先生则优于诗词文学。萧平跻身其中,得天独厚地受到前辈的栽培。不仅一一过目院藏数以万计的书画,江苏乃至全国主要博物馆、文物商店的书画也尽其所览。"文革"中,他奔走于大江南北,为抢救书画文物,尽了大力。"文革"后,萧平负责江苏书画鉴定工作,凡各文物商店出口书画,皆由其定夺,为国家发现了一批珍贵书画。他在鉴定实践中,所见古迹之多,是一般鉴定家难以企及的。

萧平从事于书画鉴定,既有天聪,又极勤奋。笔者曾几次与萧平一起在博物馆和文物店鉴画,他的周围总是挤满了人,人们都崇敬地静静听他讲述:此件是真品,好在哪里……哪件是假的,假在何处? 或系何人所为? 头头是道,令人叹服。谈及古之画家,如忆亲朋,论及画风、画路,则如嗜茶者品茗。对各代各家如此精熟,难怪我国著名书画鉴定专家徐邦达二十几年前与之相识后说:"我终于发现了人才。"一次有人送画到北京请徐老鉴定,徐老先问:"此画有无给萧平看过? 他看过了,我就不用看了。"徐老如此钟爱萧平,称其"今之俊人",收为入室弟子,并往来密切。

萧平是杰出画家,在书画鉴定中不同于"鉴者不画"一类的"望气派"。他能深入到古今画家的笔性中去探索。既能知其然,也能穷其所以然。他的专著《山水画传统技法解析》《人物画传统技法解析》等,皆能析义精详,入木三分,因而他在鉴画中把握准、命中率高,人们以"江南一眼"誉之。

萧平能画、能鉴,又精于理论研究,其声名远播海内外。1983年作为江苏第一位访美学者,在美国加州大学讲授中国画史及中国画书画鉴定,同时鉴阅了美国各大博物馆书画藏品。1984年访问日本,考察东京、京都两大国立博物馆,遍览其书画。1985年受美国普林斯顿大学东方艺术系邀请,荣任卢斯研究员。1988年受香港中文大学邀请,作中国书画鉴定之讲授。1996年,应美国圣玛丽学院之邀,再次赴美讲学并举办个人画展。同年又接受新加坡艺雅鉴定社的邀请,作中国书画、鉴赏之讲座。他一边讲授,一边作中国书画示范,受到外国学者高度评价。在他们眼中,"萧平就是通往中国古今美术史的最佳指引"。萧平目前正是英才勃发时期,随着时间的增长,必将走向更大的辉煌。

原载《扬州日报》1986年12月14日

共守扬州一方净土

——我所认识的萧平先生

熊百之

认识萧平先生，要从40多年前说起。

那是上世纪80年代，先生第一次至扬州办画展。其他的都记不得了，唯有一幅整四尺仿石涛山水，浑厚苍茫，又处处见笔，在脑海中留下极深印象。

第二次，是魏老师逝世五周年遗作展上，先生的一幅整四尺贺词，是一手潇洒的行书，与魏师潇洒的隶书相得益彰，分外醒目。诗云：

> 傲骨如君世已稀，嶙峋更见此支离。
>
> 醉余奋扫如椽笔，写出胸中块垒时。

选清敦敏《题芹圃画石》诗以题，"傲骨如君""醉余扫笔"均切魏师，可见先生在选取内容上的用心。

其实我说认识，只是在书画上认识萧先生，真正与先生有所接触，还是近十几年的事。记得先生曾为扬州沈君绘过《四季墨花图卷》，当时我竟不知天高地厚，在卷后题诗一首以赞。先生得以见之，认为诗与字还可一观，倒也记得了我的名字。后来他来扬州，总会捎上我一起聚聚，他那儒雅之气扑面而来，自然而然的，先生便成了聚会的中心。

过了两年，正逢先生夫人六旬之庆，先生便作另一幅《四季墨花图卷》以贺，画家的贺礼果然不同凡响。此卷与上卷不同的是，在各花旁的空隙处，皆题上咏花句，这自是格外用心之故。先生说，后面当然要有人题跋，而且认定了扬州几位既能题诗、又能自书者，本人也在被邀之列。就这样，我不敢怠慢，反复推敲，写成长诗一首以题。先生《四季墨花图卷》洒脱空灵，有石田之骨，带青藤笔意，以此为夫人祝寿，纸短情长。我之跋尾，怎能相称？

近年来，先生作品似以花卉为主，画得最多的便是莲花。他将斋名由朝花馆改为爱莲居，自有深意。"淡于名利，不依不傍，唯真善美是求"，这是莲花的品格，也是先生的追求。不过话说回来，其实山水画才是先生的看家本领。

一次，扬州卜君携先生《书画黄山自存小卷》示我，那只是高及掌心之精致小卷，却有着磅礴千里之势，我眼前为之一亮：四十年前所见的石涛临作，已成为今日心手双畅的萧氏山水！我心中亦为之一振，似乎随着画卷的次第展开，也会与云卷云舒、抖落尘氛一般。一首七古题画诗便随之喷涌而出：

> 袖珍小卷出玲珑，展卷宛生千壑风。
> 绝顶登临心愈旷，烟云尽在渺茫中。
> ……
> 观之有尽意无尽，不识真游或卧游。
> 直欲薰香弄琴坐，且将斯图馀味锁。
> 何时借得宝卷归，白昼怀中藏，
> 夜间枕畔抚，定能我梦黄山山梦我。

先生有何等的心中大美，先生有何等的高旷情怀！

以往都是我为先生题诗，终于有机会让先生为我撰文了。那时本人古稀之年，在弟子们的鼓动下，准备出一本书法集。沈君云，可以让萧先生帮你写篇序言。我想，先生名满天下，事务冗繁，有空为我作序么？谁知沈君代我一提，先生便满口应承。不过应承归应承，先生实在太忙，几个月下来，仍不见稿成。

我心中无底，也后悔以此小事烦劳先生。于几乎无望之际，序稿忽然"从天而降"。我捧读序言，分外感动。先生不草率、不马虎、不简单应付、不隔靴搔痒。他在百忙中拨冗，有针对性地作了确切点评。他说我的书法特点是"拒绝跟风而善于借鉴"，乃中肯之言；他说我的隶书与乃师拉开距离，确是我有意为之；他说我有"工稳清逸、让人遐想的诗句"，及"波磔自如、骨气洞达的章草"，乃溢美之词，唯以诗书之寸进，以报先生的关心与勉勖。

祖籍扬州，但并不出生在扬州的萧平先生，与土生土长的扬州人一样，对扬州有份执着的热情与关注。他更关注扬州的书画界，关注扬州的那帮文化人。先生说，扬州是一方"有贤者默默坚守着民族艺术的净土"，这是对扬州的最高褒奖！在如今"世情的浮躁"下，"浅薄的时髦"喧嚣尘上，如何坚守似乎越来越难。好在有先生的大力倡导，有先生带领同仁们身体力行，扬州书画界定能不为时风所裹挟，共同坚守好这方净土。

愿先生常来扬州，让我们多听听先生的书画高论；愿先生"多执玲珑笔"，让我们多见见先生"抖落尘氛"的山水，"不依不傍"的莲花，使扬州这方净土徐来清风，吹去阴霾。我们十分地期盼着。

（作者系扬州著名书法家、诗人。）

生如莲花

——记我与扬州籍著名书画家、鉴赏家萧平的交往

马家鼎

近年来，我与萧平先生的互动源于"博爱美愿"书画助学公益活动。所谓"授人以鱼，不如授人以渔"，由扬州市红十字会联合中国计生协书画社、扬州市人大书画会等单位，开展了"博爱美愿"书画培训项目，聘请一流书画家为学员授课，旨在培养有书画爱好的困难家庭的孩子，帮助他们成才圆梦。萧平即在愿意受聘授课的书画家之列。

认识萧平是在上世纪九十年代初，我在扬州参观萧平的画展，并与先生在扬州宾馆共进了午餐。那是一次令人荡气回肠的画展，面对大气磅礴的山水画和温柔婉约的仕女图、髭须瞋目的钟馗图，我惊叹于作者的绘画功力和艺术素养。所以，当接到萧平午餐的邀约时，我居然毫不犹豫地答应下来了，全然忘记了自己和萧平才是一面之缘。午餐时，我提到了自己的唐突赴约，萧平笑曰："古人云，相逢何必曾相识，更何况，我们同是涂鸦之辈！"呵呵，好豁达的先生，真是画如其人。我听着他的笑声，忽然想到了启功，他也是爱笑的。

于是，我们聊起了启功先生。萧平说，我的老师是著名鉴定大师徐邦达，徐邦达和启功是好友，他的许多学生同时也是启功的学生，因此，早在二十多年前自己就有缘结识了启功。那时候，我经常跟着启功、徐邦达这些老先生们去外地鉴别文物，慢慢摸清了老先生们的脾性，徐邦达先生和上海的谢稚柳先生，都是不苟言笑，不爱说话的人，而启功先生却完全相反，他走到哪里，就把快乐带到哪里，动不动就会拿小辈开玩笑。我画室的名字叫作爱莲居，这个名字容易让

人想起写过《爱莲说》的宋代著名哲学家周敦颐。而启功仿佛听别人说过我的妻子姓周，老人的玩笑这就来了。"小萧，你给那个画室起名'爱莲居'，爱的不是莲花，爱的是你夫人小周吧！"老人的玩笑引来众人哄堂大笑，我说："启老，我爱人的姓是'邹'，邹韬奋的'邹'，不是周敦颐的'周'！"话毕又引来大家一阵哄笑。

啊，原来萧平的画室名叫爱莲居！我也爱莲，正是找着了知音，连忙问道："先生为何给自己的画斋起名爱莲居呢？"于是，萧平说出了长长的一段话：

在我所认识的四季诸多花卉中，荷花是我的最爱。荷花又名莲花、藕花、芙蓉、菡萏。李白这样形容它："清水出芙蓉，天然去雕饰。"就花而言，它真是美到极点，丰满而不臃肿，玲珑而不琐碎，明艳中含着雅逸，芬馨中透着清幽。

荷的美，又何止于花呢？水面淤泥下的藕，一节一节的，有孔有丝，藕断而丝连，便让人想到缠绵的情意，想到高尚的气节。它的形状，如同稚童丰圆的臂膀，闹海的哪吒不是借它而复生的吗！它还是清补的食品，甘嫩可口。荷干中通外直，坚挺与柔韧相济，擎着花叶，随风舞动，有着与大自然一致的生命节律。

阔大的荷叶，常让我想到有"绿天"之称的芭蕉，然而蕉叶的绿远不及荷叶的绿，这绿绿得沉着，绿得文雅，这绿还透着清馨，这绿让人神清气爽……据说，荷叶还是一剂中医良药。泼墨写荷叶，是最痛快的事。我常因之想到狂士徐青藤，横涂竖抹，不假思索，得淋漓之趣。遇有什么兴奋事，放笔一挥，可寄可寓；遇有什么烦闷事，纵笔抹之，借以排遣，借以宣泄。这涂涂抹抹，看似简单，实不容易，要能涂出性格，涂出风神，方为上品。陈白阳是一个样式，八大山人是一个样式，石涛是一个样式，吴昌硕又是另一个样式……我也想着自己的样式啊！

　　落花常令人惋惜、沮丧，而荷花的凋零却具一种特殊的情境。季羡林有这样一段描述和评点："一片莲瓣坠入水中，它从上面向下落，水中的倒影却是从下边向上落，最后一接触到水面，二者合为一，像小船似的漂在那里。我曾在某一本诗话中读到两句诗：'池花对影落，沙鸟带声飞。'作者深惜第二句对仗不工。这也难怪，像'池花对影落'这样的境界，究竟有几个人能参悟透呢？"

　　我见过西湖的荷，那是杨万里诗中的茂盛的炎夏中的荷，"接天莲叶无穷碧，映日荷花别样红"，多么艳丽而壮阔！但是，我更爱秋风中的荷池，经历了季节的洗礼，荷叶斑驳破损，在风中飒飒作响，伴着飞舞的芦叶和荒草，那是何等潇洒，何等超脱啊！

　　在南京，玄武湖的荷，有巍峨钟山作背景；月牙湖的荷，则与六百年前朱皇帝的城墙为伴。那时我在南博工作，黄昏时分总与太太漫步其畔。现在我们住到了这小湖旁，遗憾湖中没了荷。于是设法用缸自栽了荷花，竟也长得很旺，我们便有了与莲一年四季朝夕相伴的经历。

　　壬午年我六十岁，办起了一个画荷展，六十幅荷花，六十个样式，在石城吸引了不少爱好者。这一展览，不久又被金湖县政府邀去参加"荷花节"，着实热闹了一番。在金湖，我看到了公路两边水沟中满栽着的时被尘灰拂面的莲，看到了荷藕经销处堆积如山的新鲜的莲藕，我知道了它是怎样紧紧地关系着老百姓的生活，这是诗人、画家眼中圣洁仙子下凡的实状。其地有万亩荷花荡，让我心旷神怡。一家人，划小船，没入荷荡中，那是童年的梦，却在花甲时实现了。

　　那年，我出了第一本画荷册，引言中摘了《六十自述》的一段文字："在我步入不惑之年的时候，将画室'朝华馆'的名字改为'爱莲居'。出淤泥而不染，濯清涟而不妖的莲花，成了我的偶像。淡于功利，不倚不傍，唯真、善、美是求。"

好一个唯真、善、美是求！莲不仅仅是书画的好题材，在现实中也是做人、做事的良好形象的写照。即席，我也和萧平说起了一段我看到的荷乡剪影：

一次，我们扬州的几位书画同道相约去宝应采风。在习惯了现代城市高频率的生活节奏之后，来到水乡，仿佛到了另一个世界。一叶尖头扁舟载着我们一行，顺着一弯曲折而狭窄的河道向两千余亩莲藕的宝应獐狮荡腹地缓慢行进。

撑船的是一位年约四十岁的汉子，姓范。他让我们叫他老范。他穿着裤衩，裸着上身，黝黑的皮肤闪闪发亮，自然地透露出水乡人一种爽直淳朴的气质。小船轻轻荡漾，极目望去，满荡荷叶田田。同行的老方摘下一叶，倒置着顶在头上，就像是戴了一顶大草帽。忽然，风渐急，那大片大片的荷叶像被缝制到一块儿，前仆后合，哗哗有声；那两千亩荷荡上下掀动，恰似一大匹绿锦被人提着，不停地抖索；那一枝枝挺出的荷花，又恰似巧手织娘用粉黄丝线绣出的一般。终于，风止了，整个世界一片寂寂，整个儿的荷荡，又成了一面翡翠砌出的湖……

扁舟划入荷荡中心，撑船的老范脱去裤衩，精赤条条地跳进荡里，一头钻进荷叶丛中。不一会儿，他一手高举着一枝花香藕，一手握着两只莲蓬，又跳上船，朝我们面前一放，乐呵呵地说："客人们，请尝尝我们的土产吧！"嘿，好漂亮的花香藕！一枝像小儿手臂般白生生、鲜嫩嫩的藕晃亮了我们的眼睛。我们一边嚼着那脆生生、凉丝丝、清香可口的莲蓬，一边把玩这支莲藕，和老范攀谈起来。他告诉我们，采藕时人浮在水上，功夫全在脚上，藕不能踩断，否则污泥会钻进藕眼。我们又问他，妇女还进不进荡？他笑着说："妇女采莲可神哩！她们穿着白色水裤，戴着花肚兜，可美着哩！"接着，他不无自豪地说："同志，你看过电影《八仙的传说》吗？那上面何仙姑采莲的镜头就是在我们獐狮荡拍的哩！"说到曹操，曹操就到，远远地传来一阵流行于扬州水乡的《拔根芦柴花》的歌声，夹杂着一串串银铃似的笑声，只见一叶尖舟载着四五个水乡姑娘驶进荡来。她们的穿着打扮，已不是老范形容的那样，而是一色的花短袖针织衫、花平脚裤，花团锦簇，真可与荷花比美。

踏上归途，水乡小镇沐浴在绚丽晚霞中，暖风拂面，荷花飘香，炊烟缕缕，"天地有大美而不言"，老庄的话是一点也不错的。

那一日，萧平听后，神往不已，叹道："扬州竟有这样好的地方，先生何时有空到爱莲居小坐，我当与先生秉烛夜谈，共话清莲。"

时光荏苒，十多年后，萧平已然是一位大师级的艺术家。当他再一次回到故乡扬州举办画展，我们得以相聚。在其书画鉴定讲座空隙，我打趣道："如今你的书画作品可是仿冒者的最爱了，有什么辨别的秘诀可以让我知道呢？"萧平拍拍我的肩，微笑着说："哪有什么秘诀，个性而为吧。艺术是每个画家特有的符号，它和产品不同。我的作品最大的特点在于有感而发，每幅画的内容、形式和笔墨都有变化，但又不乏自己的笔性。画家的笔墨是连续的、变化的，而仿作最大的漏洞在于求似摹真，心中就多了许多顾忌，笔墨也就涩了。"哦！如此简单的道理却又最容易被世人遗忘。讲座结束后，令我意想不到的是，萧平走到我身边，十分认真地说："刚才没讲完，我的大部分作品色彩明亮，却十分注重比例与分寸，着色只是七八成，仿作很难做到恰如其分。我们作画的人，追求的是心灵的完善，每一幅作品都是呕心沥血，只有这样，才能达到至高的境界。"这就是我认识的萧平，一位豁达而又执着的艺术家，始终不忘初心，在人生旅途上追逐着至真、至善、至美。

我尊敬萧平先生，不仅因为他画画得好，更因为他很有爱心。2007年，身为江苏省国画院一级美术师的萧平回家乡扬州的时候，偶然间了解到扬州市特殊教育学校的师生们在困难条件下办学求学，当即捐赠身上所带六千五百元现金和四幅书法作品，更爽然接受了该校授予的"名誉校长"称号。此后，萧平竟对于自己名誉校长的身份较了真，多次专程来扬州为有书画爱好的聋哑学生举办中国书画艺术讲座。记得2009年冬季的一天，天寒地冻，我听说萧平到了市特教学校，于是赶紧过去会会老友。只见萧平全家都上阵分发从南京用汽车拖来的一百多件崭新的羽绒服，聋哑学生们穿上新衣，红扑扑的脸上都笑开了花，好多孩子围上去抢着握萧平的手，这时由聋哑学生组建的管弦乐队奏响了欢迎曲，瞬间现场成了欢乐的海洋。了解到他每年都会记得给孩子们送棉衣、羽绒服御寒，我由衷地赞叹：真是爱如潮水，生如莲花啊！

2015年，在江苏省红十字会大力支持下，承蒙香港爱心人士、著名慈善家方铿先生慷慨资助，"博爱美愿"助学项目得以实现。该项目旨在弘扬红十字精神，传承中华优秀传统文化和扬州地方文化特色，助力困难学子圆梦，打造青年艺术家摇篮。对于萧平这样一位大师级的画家，请他来给"博爱美院"的孩子们上课，我一时间很难启齿，但我又渴望给孩子们选最好的老师。当我鼓起勇气说了此事后，萧平竟然一口应承下来，并笑着说，为困难家庭的孩子上课，我乐意；为故乡的书画事业培育种子，我更愿意。他的课显然是精心准备过的，先生来上课，不仅博爱美院的学员受益匪浅，来自全国各地的中国计生协书画社研讨班学员、我市书画同行、大学美术教师、红十字志愿者等都前来蹭课。萧平更欣然为扬州红十字博爱美院题字，还捐赠了书画作品、教材。

岁月如歌，八十抒怀。今年是萧平先生八十大寿之年，但见他容颜红润，身材挺拔，音色磁性，思维敏捷，热心公益，积极奋发。我忽然意识到，当年我们聊莲花，我只领悟到先生所说"高洁之精神"，却忽略了他所说的那句"荷的美，又何止于花呢"，盖莲花之为物，其花既可赏，根实茎叶皆可用，百花中殊罕其匹。萧平先生一生爱莲，既有"植本出蓬瀛，淤泥不染清"的追求，又着意于"其华菡萏，其实莲，其根藕，其中菂，菂中薏"的奉献价值。这才是他与"莲"的真正缘分，也是先生自我生命的真实践行。

（作者系扬州文化学者，扬州市人大常委会原副主任。）

萧平——扬州书画史研究的拓疆者

卜纹宗

　　萧平先生不仅是著名的书画家、书画鉴定家，也是一位著作颇丰、硕果累累的美术史论家。或缘于家乡的情结，总是对扬州数百年书画发展史格外关注，潜心研究，继往开来，在前人研究的基础上，在历史纵坐标和横坐标上都有了新的拓展，开创出一片新天地，新境界。

"扬州八怪"的外延还应再扩大

　　说到扬州书画史的研究，绕不开的就是"扬州八怪"。

　　"扬州八怪"是清康、雍、乾时期扬州一道耀眼的人文风景线，也一直成为扬州乃至国内外学术研究的重点领域。何谓"八怪"？从清末汪鋆《扬州画苑录》中首提"怪以八名"之说，到清人李玉棻《瓯钵罗室书画过目考》中列举了罗聘与李方膺、李鱓、金农、黄慎、郑燮、高翔、汪士慎等八人。此后在各种有关的研究著述中对"八怪"所指不尽相同，直至近代黄宾虹、陈衡恪等都有新的提法，可以说众说纷纭，迄无定论。综合众家之说，在以上八家的基础上，又列入了华喦、高凤翰、边寿民、闵贞、李葂、杨法等人，共有十五家，目前为学界所接受。当代扬州学者李亚如对此直言，"八怪"之"八"只是个泛称，不一定只限于八个人。可见，所谓的"扬州八怪"只不过是当时书画家群体，或称之为"扬州画派"及其代表人物的代名词而已。

　　萧平先生对"扬州八怪"十分推崇，画学"八怪"，收藏"八怪"，宣传"八怪"，而研究"八怪"更为用心。积数十年研究之功，近年来，他多次提出，研究"扬州八怪"在"十五家"基础上还可再扩大，似可增加方婉仪、朱乔、丁有煜、项均、陈馥、许湘、蒋璋等人。如此，"十五家"即可扩展至"二十二家"。为此，他撰写了专论，并在若干学术场合呼吁宣扬。

之所以提出这个观点，是基于新的资料，包括实物，作品真迹及文字的佐证。萧平先生认为，这几位画家，或因为他们与"八怪"交往密切，常有书画的唱和，如陈馥传世之作多由郑燮题诗题句，还有与李鱓的合作等，许湘、蒋璋等亦如此；或拜"八怪"为师学艺，如项均即拜金农为师，亦曾为其代笔作画；或与"八怪"关系特殊，如方婉仪与罗聘本就夫妻画家，方婉仪工诗擅画，风格隽逸清新，与罗聘亦多有相近。而最重要的是，他们的画风与"八怪"类同，绘画水平均为上乘。因此说，他们本就属于"八怪"这个画家群体，或因他们存世作品和文字著述较少，才被人们所忽视。如今，我们应担负起历史的责任。"扬州八怪"在中国美术史上的一大贡献，就是改革了文人画，扩大了文人画的题材和内涵，使得文人画得以还俗。今天扩大"扬州八怪"的研究范围，加大相类成员，扩大队伍，就自然形成了一个把传统文人画推广到民间的画派。萧平先生说："这是历史客观的存在，而非我们现时的创造。"

首擎"扬州书画三百年"大旗

萧平先生长期以来有个心愿，即编著一本《扬州书画三百年》的专著。他认为，作为扬州人文重要部分的书画艺术，近三百年来不乏灿烂，名家辈出，佳作迭现。清初，扬州与金陵、新安并为画坛革故鼎新的基地，石涛、程邃、查士标等大家居于此，活动于此。潘天寿先生有"石涛开扬州"之说。石涛的实践与理论，孕育了扬州人对于文人艺术的审美情致，促成了"扬州八怪"划时代的辉煌。即使到了清末，扬州画坛还出了追寻石涛笔墨的虞蟾和全能大匠陈崇光，僧虚谷与倪墨耕更直接介入了海上画派，影响了"八怪"之后一大画派的崛起。因此，我们可以认为"书画三百年"不只是数字的概念，而是一种文化现象，一个经历了兴盛—辉煌—绵延的历史过程，一种外部环境造化和内在规律支配相互作用的结果。开展"扬州书画三百年"的研究，既能全面客观地展现扬州书画艺术的本来面目，又是对"扬州八怪"研究的深化。从这个意义上说，"扬州书画三百年"和"扬州八怪"是并行不悖的两大学术主题。二者既有联系，又有区别，相互映照，互存共荣。从当前现实出发，我们应将更多注意力转移到对"扬州书画三百年"的研究上来，很好地挖掘这一艺术宝库。

2019年春，扬州市委宣传部及有关部门和单位决定举办一次大型书画展，同时召开相关的国际学术研究会，作为打造"文化扬州"和扬州"烟花三月"国际经贸旅游节重要活动之一。萧平先生作为艺术总顾问，在酝酿筹备之初就倡议以"扬州书画三百年"为题，得到了有关方面充分赞同。为了保证活动圆满成功，萧平先生倾注了大量心血。

扬州书画三百年特展暨国际学术研讨会合影

征集作品，遴选展品。为了保证三百年来书画家的代表性和作品的权威性，征集作品之初，萧平先生就亲自选定了书画家的大致人选。石涛是扬州清初具有划时代意义的画家，存世作品主要集中在各大博物馆。为此，萧平先生邀请了老朋友，著名的美籍华人收藏家邓仕勋，远涉重洋送来了当年张学良收藏的、长期流落海外的多件石涛精品，为整个展览增光添彩。萧平先生还偕同南京博物院的专家，对作品亲自把关，逐一进行严格鉴定，辨其真伪，分其优劣，去伪存真，去粗存精，最终选定了从清初查士标、石涛、禹之鼎、"扬州八怪"，直至晚清民国王素、陈崇光、陈康候等60多位书画家的130多件作品入展。展品体现了扬州书画三百年发展的基本面貌，其中许多是冷品、逸品，难得面世，具有很高的观赏性和研究价值。

邀请专家，学术主持。本次研讨会的一大亮点就是，应邀参会的专家学者均为国内外一流大家，包括原美国佛利尔博物馆东方部主任张子宁，故宫博物院原副院长萧燕翼，研究员王连起，中央美术学院教授薛永年及我省、市美术史论家和文史专家，他们不仅在学术界深孚众望，同时对扬州书画史研究颇深。能有如此阵容，全赖萧平先生出面邀请。研讨会上，萧平先生还担纲学术主持，会议气氛热烈，取得了广泛共识，又产生了许多新的火花，启迪后续的研究。会后，萧平先生还进行了一次"扬州八怪"的专题学术报告。

在各方的共同努力之下，展览和研讨会都取得了巨大成功，"扬州书画三百年"这面大旗第一次正式登临故乡的学术舞台，成为学术研究的主旨。假以时日，"扬州书画三百年"将和"扬州八怪"一道，共同引领扬州书画研究深入开展，更好地向世人展现扬州历史人文耀眼夺目的光辉。

（作者系扬州市文广新局原副局长，书画家。）

古城文脉翰墨缘

卜纹宗

　　提到当代著名的书画家、书画鉴定家萧平先生，扬州书画家总是颇有几分自豪地说："萧平是扬州人！"言语投足之间，充溢了乡亲之情、朋友之情、同道之情。同样，萧平先生也一直十分看重与扬州书画家的友情。说到萧平与扬州书画家的渊源，还得从他的祖辈说起。萧平的祖籍是扬州，祖辈几代都与书画结缘，与书画家交情深厚。乡贤陈含光、吴笠仙、李圣和皆曾为其祖父萧子贞先生书画折扇。他少年时还曾潜心临摹过吴笠仙的菊花成扇。父亲萧鼎咸是卓越的书法家，诸体皆擅，篆刻大家蔡易庵先生曾为其镌刻名印，供其作书之用。如今这些见证了他的祖辈与书画家友谊的珍品都藏于萧平之手。萧平虽然"生于山城，长于石城"，从未在扬州工作过、生活过，但祖辈的影响，扬州文脉的浸淫，使得他从小就打下了从文从艺的烙印，立志发扬光大祖辈与家乡书画家的深情厚意。丁家桐先生称之为"根在扬州"，实为精辟诠释。

　　1963年，萧平从江苏省国画院毕业，并就职于南京博物院，专职从事书画鉴定。应扬州博物馆的邀请，随书画鉴定专家徐沄秋老师来扬州参观著名书画收藏家梁典成先生的收藏展，并鉴定书画，这是他第一次踏上家乡的土地。一连数日，不但看到了"扬州八怪"的许多真迹，而且结识了许多书画朋友，印象最深的是与篆刻名家桑愉先生的交往。其时桑家养着许多名贵的金鱼，家中的陈设古典雅致，使他真切地感受到扬州文化人的生活状态和志向情怀。目睹桑家珍藏的黄慎的遗物——瘿瓢，使他早早结下了与扬州八怪的不解之缘。从那以后，他又多次随书画鉴定泰斗徐邦达老师来扬州。广储门外、护城河边、博物馆、文物店等等留下了他求知的脚印和对家乡依恋的眼神。从此，他频繁地来往于南京与扬州之间，把南京的名家带到扬州，又把扬州的朋友介绍到南京。1975年，著名学者高二适先生有诗为记：

过平山堂吊欧阳永叔示同游诸子

古人往矣今人在，今作诗来吊古人。

山峻堂平天一握，雨余风定日初晨。

文章兀兀回轩盖，履迹茫茫踏故尘。

莫怪萍蓬起幽仄，卅年重此挹交亲。

令先生铭刻在心的是1988年，应好友许从慎先生等人邀请，他第一次在家乡举办个人书画展。开幕式那天，天公不作美，下着倾盆大雨，正值先生为嘉宾如何参展发愁之际，扬州名宿耆老王板哉、李圣和、李亚如、魏之祯、吴砚耕等悉数冒雨亲临祝贺，画展上人流如潮，盛况空前。时任扬州国画院院长李亚如先生为画展题诗一首："淋漓奔放创神奇，笔底纵横出化机。自有心胸生妙趣，盛情佳作誉交驰。"魏之祯先生即兴赋诗："文采风流萧伯子，丰神不减少年时。未生白发先辞酒，才近中年便入诗。谈艺屡惊海客座，画山能发叔明奇。楼头夜半琴声起，知是抛书倦眼迷。"扬州书画前辈和同道的热情使他深切地感受到了家乡人对他的厚爱。在那段时光，桑愉、马千里、蒋永义为之刻印数十方，他每每揿印摩挲，温暖心田。个性孤高的魏之祯先生听说萧平到了扬州，每每亲自到萃园桥菜场，买来活蹦乱跳的河虾，拿出自己的绝活，烹炒虾仁，与这位忘年交小酌几杯。暮年的李圣和女史得知萧子贞先生是他的祖父时，回忆谒见其祖父及书画酬答的往事，她说："子贞伯伯与家父梅隐公为莫逆交。"并作诗相赠："父执昔时曾奉谒，孙枝今日又相陪。十年始识通家好，三绝争传盖世才。艺苑二难堪比美，海天万里看腾飞。嗟余白发垂垂老，更为开怀进一杯。"世交之谊，爱才之心溢于言表。

沧桑有痕，岁月无情。如今这批艺坛前辈相继去世，使他多生惆怅，留下无尽怀念。为了纪念当年的相交故事，先生曾先后为江轸光先生、吴砚耕女史等书画集作序，盛赞其人其艺。扬州举办王板哉遗作展，他出差在外，而后匆匆从外地直赴扬州，虽未及时赶上开幕式，但在研讨会上的长篇发言，以补其憾。魏之祯先生离世时，他带着远道来访的美国朋友赶到扬州吊唁。后又为其九十诞辰书印选集作序，并在首发式上追忆当年的友情。桑愉先生八十诞辰，他为其作《松石图》，以喻桑愉先生"宝松"之号。1989年，扬州画坛诸友为许从慎筹办遗作展，苦于缺少经费，他为之作《荷花图》，后又作《米颠拜石图》，为之筹款，极尽朋友之谊。

书画是萧平与扬州的情感之弦，每一次弹拨都会奏出美妙和悦之音。每当他创作取得阶段性成果，都首先想到向家乡人民汇报，先后已在扬州举办过四次书画展。1998年春，他携弟妹在扬州举办"萧氏一门书画联展"，并携弟弟萧和登门拜访了李亚如、李圣和、吴砚耕等名家，还与李亚如先生共同创作了《松竹梅三友图》，扬州电视台跟踪报道，一时成为小城佳话美谈。如今，他每年都要来扬州几次，时常与新老朋友丁家桐、薛峰、李万才、徐中、高顺康、熊百之等小聚，畅叙别后之情，探讨艺术创作，抑或书画唱和。2006年秋，澳门博物馆向故宫博物院、上海博物馆等借调了徐渭、陈淳的精品力作，举办专题展。萧平应邀出席，观摩研讨。全面而集中地观赏中国画史上两位大写意花鸟画开山之祖的传世之作，使他激动不已，胸中激情澎湃。回来后，画兴大发，借鉴二位大师笔意，创作了一丈六尺长的泼墨花卉卷。作品水墨淋漓，神采飞扬，深得青藤、白阳精髓。他十分满意，赠予爱妻珍藏，后将此卷带到扬州，请诸友赏评。大家对画作率意纵横之逸、驾驭笔墨技巧之高，钦佩不已，并纷纷题诗以赞。八十四岁高龄老画家李秋水不顾年迈体衰，作长风古诗一首，洋洋洒洒二百多字：

　　金陵画家多难数，萧平先生心独许。能人所能所不能，曰今不今古不古。雪个山石清湘水，吴衣曹带出真美。八法元与六法通，参究造化穷原委。自是胸次才调高，为写群芳谱《离骚》。兰叶葳蕤伴篱菊，桂花皎洁山之椒。修竹数枝叶飞动，芍药石榴杂芭蕉。白莲澡雪清韵远，寒透老梅暗香飘。芳馨盈纸不具述，笔所未到意已足。要从本色见真颜，不屑浮华红与绿。前月远踏濠江路，仰慕先贤迈大步。白阳豪放青藤狂，面壁摩挲生妙悟。归拂素笺境界新，兴会淋漓气氤氲。画成持赠管夫人，恰值花甲庆生辰。文章知己老更亲，画卷长存天地春。

称赞萧平先生胸次才高，不屑浮华，独步当今画坛，融通古今，化古为今，能他人所不能。书法家熊百之以他独特的古拙而又清新的章草为画卷题跋：

　　几枝嫩竹一丛兰，便遣春芳到笔尖。二月碧桃临水发，牡丹浩态映疏帘。夏日浓阴何点缀，芭蕉叶大幽窗碧。芙蓉照影出天然，绰约迎风故摇曳。雁过凉天新菊黄，素心笑傲对秋光。石榴红透葡萄紫，纸上犹凝一片霜。冰天月地晴山雪，唯有梅花叹孤绝。添得水中仙子魂，书斋内外冷香结。笔端竞放四时花，雅集群芳共一家。青藤笔意石田骨，洒脱虚灵何复加。无色胜色百千倍，水墨韵生味外味。伉俪情深为伊写，恰同楚客纫兰佩。

对他不随浮躁时风，精研传统，崇尚文人情怀，追求书卷气和意趣天成的创作态度由衷赞叹。书法家杨小扬先生题道：

　　乾坤清气三千丈，濠江归来一呵之。几多意会几多醉，满卷生机满卷诗。青眼每承夸老辈，早有文章惊海内。意态由来画不成，广陵才子得三昧。独教东风长留连，爱莲居内百花妍。携来国色朝酣酒，藏得天香夜染笺。今我开卷香盈袖，但见纸上龙蛇走。不知写人抑写花，愿得人花竞相秀。长相知，长相守，才子才情无老时，佳人佳卉两长寿。

赞画赞人，溢于言表。学者李不殊自称后学而赞曰：

　　不涂铅粉不施朱，四季花开气象殊。应似青藤妙手笔，千红万紫叹不如。

一句"千红万紫叹不如"尽赞画卷境界之高。

萧平先生的成就大了，名气大了，有人自以为距离远了。然而先生却不以为然，当别人有求时，他总会尽自己所能给予帮助。扬州的聋哑画家吴汉华早年曾拜在他的门下，他不仅悉心传授画艺，还把他引荐给著名画家亚明。青年画家杨麟在江苏省国画院进修时，他提供了很多帮助。虽后来往来不多，但当他得知杨麟因病去世，一贫如洗，丢下了老母妻儿，特地精心绘制了以板桥道情为题材的《渔翁图》，转交其亲属参加专场拍卖，助解燃眉之急。其他如为书画同道、新老朋友鉴定书画，作序题匾，书跋题词时常有之，受惠者众多。

2011年12月16日是萧平先生的七十寿辰。扬州书画同仁都看做是一件喜事，几番商议，决定合作一幅贺寿之作。于是徐中先生立石，高顺康先生写松，鞠伏强先生画兰，朱旭先生添梅，陈忠南先生撇竹，还有他在省画院时的老同学耿昌信先生特意画了一对寿带鸟，学生吴汉华补了水仙，尽皆寓意长寿。老作家丁家桐先生撰句"风萧萧兮江水平，丹青七十熔古今"，颂其书画成就，并将萧平的名字嵌入其中。学者李万才先生与萧平是老朋友，回顾几十年的友谊，特意题句："羡君儒雅风流，奇才荦荦，集史论书画鉴藏于一体，足以称雄当代，欣逢七十华诞，祝长寿永康。"著名书法家葛昕以老辣如椽之笔题就"寿比松乔"。杨小扬先生恭题"如松之茂，如石之坚，花开鸟语，共祝大年"。此外，扬州书画老人薛锋、吴树及卜纹宗、郭剑峰等也题句祝贺，一幅作品，共十六人留下了墨迹。正如熊百之先生所题"仁者寿"，不仅道出了扬州书画同仁对萧平先生七十寿辰的祝福，也期盼萧平先生与扬州书画家的友谊长存，年复一年，日盛一日。

此文时为萧平先生七十寿辰而作

紫金山巅又一峰

——拜访著名学者萧平先生侧记

卜纹宗

　　7月7日，注定是个值得纪念的日子。上午聆听了习近平总书记纪念抗战全面爆发77周年振聋发聩的讲话，下午恰值黄梅天，多天阴雨难得放晴，我与好友沈建南结伴而行，前往南京拜见萧平先生。

　　一路闲聊，不经意间，一瞧窗外，缭绕云雾簇拥着的紫金山已在眼前，心里一阵激动，我们马上就可以见到先生了。遥望那万民敬仰的中山陵，高耸山巅的天文台，巍巍蜿蜒的山脉虎踞龙盘。前行至中山门，使人们回念当年奉安中山先生灵柩的情景。紫金山南麓，中山门脚下则有月牙湖，湖周点缀着亭榭楼台，精巧玲珑，真应了古人所言"水不在深，有龙则灵"。这里尚在城外，因此少了许多喧闹和烦躁，多的是宁静和淡泊。湖光、山色、古垣尽现其间。大概是借景取意，这里的住宅小区名曰"紫金山水苑"。先生的寓斋"爱莲居"就在其间。我们是常客，常可见到高朋满座，听到艺坛宏论趣事，观赏历代名家名作，尤其是先生长者的风范，儒雅的气质，谦和的人品，豪爽的性格，总是令我们心生敬畏之感。

　　我们在客厅就座，先生亲自为我们泡来两杯清澈碧莹的碧螺春。建南君拿出一本刚从巴黎梵高纪念馆购回的印有梵高画作的2015年挂历和印着梵高照片的明信片，先生接了过去。趁着先生看画的间隙，师母回味曾两次游览巴黎，陪先生观瞻莫奈、梵高等大师故居及作品的记忆。先生边看边说，这些作品色彩斑斓，灿烂夺目，具有强烈的穿透力，应是其晚年的精品，不似早年沉郁厚重的面貌，而其艺术风格与中国传统大写意似有相通之处。晚年的梵高半癫半痴，曾于70天内完成70幅油画，而英年早逝，令世人痛惜。我在一旁暗暗称奇，只知先生精通中国书画史，而竟不知先生对西方艺坛大师轶事也是如数家珍。此时，建南君又从包里拿出一小瓶苦艾酒，名曰"绿仙女"，递给师母，据说饮了此酒，能使人产生轻微幻觉，带来创作的冲动。先生若有所思地说，他准备明年再访巴黎并小住月余，系统地进行中国大写意与西方印象派的比较研究。他还有志变法，借鉴西方印象派，以大泼墨泼彩面貌示人，并为此进行艺术储备和初步探索。

月余前，先生于北京荣宝斋举办了书画近作展。建南君目睹了开幕盛况，眉飞色舞地向我介绍。5月31日，荣宝斋热闹非凡，各地的专家学者、藏家、京城各大拍卖公司老总，还有来自海外的朋友以及外国友人到场祝贺。中央电视台等20多家京城媒体，还有来自家乡南京、扬州的媒体报道采访，场内场外好评如潮。故宫博物院原副院长肖燕翼说："先生在作画时脑子里面装了很多东西，他的这些才学不由自主地会从绘画中表现出来。他把传统和发展结合得非常好，很有才气，别人做不到的，他都做到了。"著名画家吴悦石与先生是30多年的老朋友，由衷敬佩先生，他评价先生"书画方面的修养非常深厚，而且在书画鉴定、美术史、诗文等方面都取得了突出的成绩"。嘉德拍卖公司老总胡妍妍对先生的画风很是赞赏，称道"在当代画坛上，能像先生这样坚守传统很难得"。书画展开幕当天，作品就被定购七成，至于后来的情况，先生莞尔一笑，说起了一个小故事。展览第三天，因家中急事未能前来参加开幕的保利公司老总赵旭走进展厅，见到先生公子萧戈，只说要多买几幅精品。当听说仅剩下最后一幅小品，连说来迟了，颇为失落地捡了个尾。至此，104件作品全部售罄。为此，荣宝斋马总对展览成功举办兴奋不已，对萧戈说，展品全部卖光，在荣宝斋只有两次，一次是范曾，另一次就是先生了。为此商定，明年也是这个时间，还请先生在此举办荷花专题展，并请先生近期作一丈二四大画，替换目前陈列的展品。听到此，我只见先生一脸庄重地说，我没有存画，平时事头多，时间很少属于自己，秋季还要应山东省政府邀请赴济南举办个展，再要筹备能够出售的展览，只觉时间太紧。

先生忽然站起来，领我们到他的书房。进得书房，先生十分快意地说，先让你们看一件好东西。原来是晚明龚翰的扇面，全以墨笔完成，华润潇逸，品相完好。先生说，龚翰乃龚贤胞弟，进士出身，其画十分稀少，这是近日在上海拍卖场所得，可谓孤品。见到先生眉宇间那份自喜，我们也为之一爽。先生是研究龚贤的专家，考证其家世，又添一实证矣！只见先生从书柜拿出一画卷，渐次展开，从傍石柳树开卷，三位老者依次前行，蕉阴下五位老者观画，仿佛正评头论足，旁边还有两位老者似有所思，卷尾题曰"十老之图"。整幅画卷清新典雅，人物造型生动，顾盼有致，十分精彩。正当我们沉浸在画境之中，先生指着我说，听说你们要来，昨天刚赶制成功，这画就给你了。我突然一愣，心中茫然。几年前，我曾见先生为建南君画手卷"读画图"，心仪很久，便向先生求之。然先生冗务缠身，难得清静之时，故迟迟未能动笔。我心虽切，然深知先生繁忙，故常暗自祈祷，但愿早日如愿。前些时听说先生已经动笔，今日果然大喜过望。人说求画难，求精品难上加难。先生创作手卷本来就少，人物长卷更是稀罕，如此精品屈指可数。如今多少人向先生求画，可又有几人能得此力作。想到此，我不由得忐忑不安。先生又言，多年的朋友了，此画就作为纪念，回去后好好请人再加跋语。一句话说得我无语而噎，只将先生的这份厚意深深埋在心中。

不忍打扰先生过多时间，我们起身告辞。先生送我们下楼，并于地下室拿了几本近期画册分送给我们，此刻已薄暮冥冥，紫金山恰如墨花飞作淡云浮，平添几分媚气。月牙湖畔，那星星点点的泛光灯照着湖面泛动着五彩琉璃的波纹。我坐在车上，思绪连连。紫金山水，它曾孕育了书圣王羲之、画圣顾恺之，又曾滋养了金陵画派、新金陵画派。千余年来文脉不断，大师迭现。萧平先生集著名书画家、鉴藏家、史论家于一身，于当今全国无出其右。以先生超人的艺术天赋，深厚的学识积淀，不懈的艺术追求，假以时日，当又是一位艺术大师。我们充满期待，我们也相信这一天必将到来。

原文刊载于《扬州晚报》2014年7月26日

"省亲"与访友

卜纹宗 周 斌

　　1998年，继十年前在家乡扬州举办个人书画展，萧平先生再次回家乡举办了书画展览，不同的是，这次是萧氏一门三代的联展。

　　萧氏一门不愧是书画艺术世家。萧平的父亲萧鼎咸先生是个成就卓越的书法家，虽然长期供职于邮电行业，辗转于扬州、重庆、南京等地，然对书法艺术十分执着，真、草、篆、隶俱佳，率真质朴，不事雕琢，于无意处见佳。

　　到了萧平这一代，是发扬光大的一代。萧平是长子，他于绘画、书法、美术史论、书画鉴定、书画收藏都成就斐然，享誉海内外，其弟弟萧和也是省内知名画家，擅长人物画，尤其是借鉴中国瓷器上的青花、粉彩图案，装饰效果融汇于中国画，独辟蹊径。小妹萧迎，曾谋职于扬州绣花厂，工作之余，研习工笔花鸟画，常与大哥合作。这次参展的还有萧平的大妹夫杨远威。

　　萧氏第三代有萧平的儿子萧戈，儿媳何涛，女儿萧玉，萧和的儿子萧阗，萧迎的儿子李霁，杨远威的儿子杨多等。他们自幼受家风的熏陶，逐步由一般的兴趣爱好向专业方向努力，作品极具天赋与潜质。

　　4月11日，烟花三月，正是扬州最美好的季节。"笔墨春秋——维扬萧氏一门三代书画展"在扬州个园抱山楼开幕，共展出萧鼎咸先生，萧平与兄妹及子侄三代10人100多件作品。用萧平的话说，这是一次"省亲"展，是一次汇报展。开幕式十分隆重热烈，观众如潮，扬州市市长蒋进、市政协主席施国兴、著名画家叶矩吾及扬州书法美术界的领导与同道到场祝贺，扬州的新闻媒体悉数采访报道。人们在欣赏艺术的同时，都为萧氏一门艺星灿烂所折服，为萧氏一门家乡情

愫而感动。开幕式后，在园内听雨轩又举行了座谈，专家学者，新霖旧雨，济济
一堂。没有应景式的客套，有的是朋友间的真情，叙叙旧，聊聊天，谈艺术，谈
人生，完全是一次文人的雅集，朋友的聚会。

此行，萧平还有一个特别的安排。曾记得自己扬州第一次书画展开幕式，
突降大雨，扬州书画前辈王板哉、李圣和、李亚如、吴砚耕、魏之祯诸先生等悉
数冒雨前来祝贺，吟诗作书，真情弥漫。而今物是人非，王板哉、魏之祯先后离
世，李圣和、吴砚耕、李亚如皆年事已高，又或重病缠身。萧平后来在《魏之
祯先生书画选集》序言中写道"真可谓萍聚而合，蓬飞而分，游辙无常，动增情
绪"，亦为此时心绪的写照。开幕式后，萧平就逐一登门拜访几位前辈艺友。

开幕式次日的下午，萧平携萧和等首站拜访了吴砚耕先生。吴老的父亲吴
笠仙先生是民国时期画菊圣手，曾为萧平祖父画过扇面。吴老幼年即从父学画，

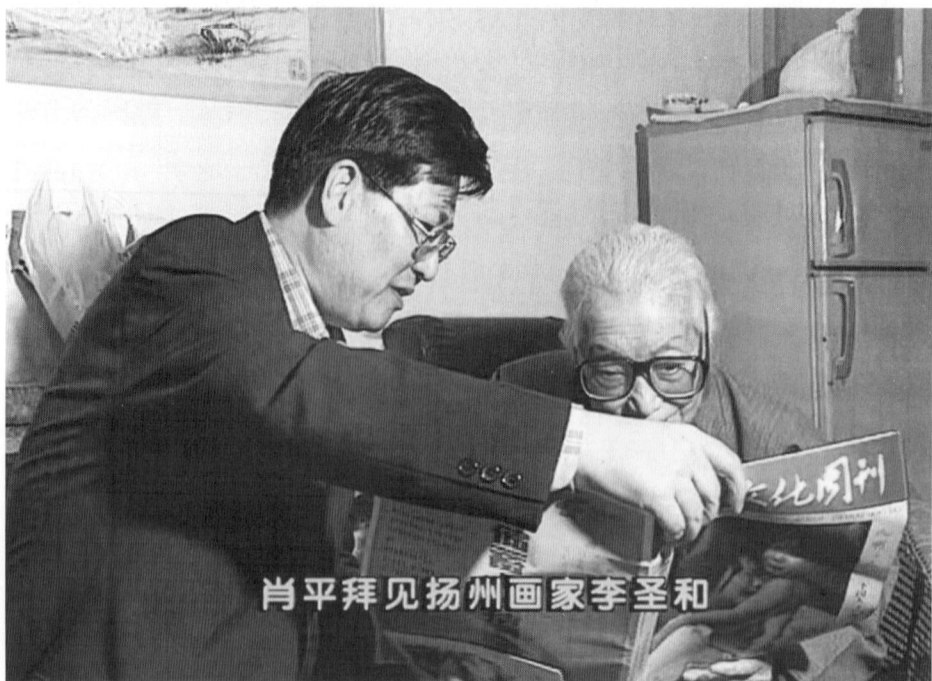

萧平拜访李圣和先生

萧平与李亚如先生合作《松竹梅三友图》留影

也以画菊名世，曾出版《吴砚耕画集》，序言即为萧平所作。得悉萧平来访，吴老特叫来外孙女、扬州市国画院的画家周雨花。萧平见到已是89岁的吴老精神矍铄，十分高兴，也许是熟不拘礼，大家就围着画案亲切交谈。看到墙上挂着三幅吴老的近作，萧平借用郭沫若先生当年写给吴老的诗句，祝吴老的艺术如"东篱之菊，岁岁新生"，亦祝吴老健康长寿。

告别了吴老，萧平一行随即来到李圣和先生寓所。萧、李两家曾是世交。上世纪70年代，李老曾向萧平问起先祖父萧子贞先生时，二人才始知原委，而不知已隔几十年了。后李老作诗相赠，特作说明："余识萧平同志已逾十载，今岁始知其为子贞先生之孙，子贞先生与先父梅隐公为至交，余少时亦曾谒见。抗日战争后，音问遂绝，今日悉此，不禁以喜以慰，赋诗一律奉赠。"如今，李老已是91岁高龄了，生活起居有些不便。萧平一行刚到客厅，李老即让人搀扶着从卧室出来。只见老人顺手整理上装，梳理头发，扶正眼镜，依桌而坐。虽已耄耋，但清癯儒雅，端庄慈祥的气质仍令人肃然起敬。萧平随即搬来椅子靠着李老坐下，拿出介绍自己作品的画刊递给李老，李老双手捧持，以微弱的视力，双目抵近，十分吃力而又仔细地逐页展阅，不时侧过脸来微笑着与萧平交谈，其景融融，其情切切，其境陶陶。

拜访李亚如先生是活动的最后一站。李亚如先生是著名的书画家、诗人、学者，长期担任扬州国画院院长，被誉为"八怪杰出传人"。前些年中风，行动不便，口齿不清，然思维清晰，尚能作画。亚如老对萧平的来访十分高兴，对萧平赠送的画刊看得认真，连连点头，对这位后辈才俊十分赞赏。看到亚如老精神尚健，兴致很高，萧平提出作画以记，并请亚如老开笔。亚如老欣然允应，在众人的扶助下，来到画案前，不假思索，蘸得墨饱，在刚铺就的宣纸右下方横涂竖

萧平、萧和与李亚如先生合作《松竹梅三友图》

抹，皴擦并施，干湿互用，瞬间一块磐石跃然纸上，辣中有巧，拙中生趣。萧平则从磐石之后顺势斜伸一枝红梅，互为照应，萧和又补上一组墨竹。而后萧平题款："三友图，戊寅三月客广陵，拜访亚如前辈，合作是图为快。"此时亚如老似乎余兴未尽，又在磐石旁补题："萧平老友，当今画坛之精英也。今萧平昆仲自宁来访，喜而合作此图，工拙不计也。□□以作此会之纪念，并祝友情之长在也。亚如，八十又一岁。"扬州画坛一段佳话趣闻永远定格留传。

出得李宅便是著名的文昌路，此时，夜幕降临，华灯初放，车辆行人，川流不息。遥望天空，北斗七星闪烁光辉，萧平不禁胸中波涌。扬州有千年的历史文化，书画艺术影响全国几百年，有祖辈留下的足迹，还有难以忘怀的艺术前辈、同辈道友和父老乡亲，当为家乡的艺术事业竭尽绵薄之力，以报答这片故土和父老乡亲。

（作者系扬州广播电视台记者。）

萧平先生的别样乡情

杨小扬

在与萧平先生相熟之前，我并不知道"生于山城，长于石城"的先生对扬州有着这么浓厚的别样乡情。

2006年8月，为纪念著名书画家王板哉先生百年华诞，扬州市文联和扬州当代名家艺术馆联合举办"百年璀璨——王板哉先生书画精品展"，受王功亮老市长的委托，我担任筹委会的召集人，主持了开幕式暨座谈会，从而有了近距离和萧平先生接触的机会。座谈会上，先生第一个发言，对王板哉的书画艺术特色给予系统而精当的评价，给整个座谈会带来了浓厚的学术氛围。更使我感到亲切的是，先生对王老以及扬州书画界前辈饱含着一种特殊的深情，浓郁而扣人心扉。

正因为这一点，乘着座谈会间隙，我冒昧地请求萧平先生为《魏之祯先生书印集》作序。那一年，是魏老师90周年诞辰。魏老师视书法为余事，生前不搞自己的书法展，不出作品集。然而，未能让更多的人了解魏老师的学养和书艺，对扬州、对书坛来说，终究是件憾事。受老师家人的委托，我们四处收集了魏之祯先生的书印精品和诗文，万事俱备，就缺少一篇有分量的序言。当时，萧平先生一口答应。两个月后，我就收到了先生写就的《一曲故乡引，难尽山水情——〈魏之祯先生书印集〉序》。这篇序言为我们掀开了一页页萧平先生与扬州老一辈书画家交往的动人篇章。

1988年冬，萧平先生在扬州第一次举办书画展。开幕前夕，魏之祯先生用隶书写出七律一首："文采风流萧伯子，丰神不减少年时。未生白发先辞酒，才近中年便入诗。谈艺屡惊海客座，画山能发叔明奇。楼头夜半琴声起，知是抛书

倦眼迷。"并加小叙："平弟工书画，精鉴赏而治学谨严，颇多领悟。盖富才华
而又力学不怠者，是以才近中年便已卓然成家，蜚声海内外。吾敬之爱之且欲效
之，而终莫能及。愧悔之余，曾书俚句寄意，兹录奉一粲，并希斧正。戊辰小寒
后一日，魏之祯并识。"魏老师刚正耿直，胸无纤尘，生平向不轻易溢美于人，
虽长萧平先生26岁，但一直于先生青睐有加，视先生为知音。

萧平先生回忆道，"记得一次我途经扬州，登门拜候，魏老欢忻逾常，亲
自上菜场买来河虾，精挑细剔，又躬身入厨烹制。清炒虾仁固然不同一般，十分
可口，但我更喜爱的却是这盘虾仁反映着他的性情。席间，他兴致极好，从传统
美食谈到风土人情、典章文物，足以见先生学养之深厚"。

萧平先生进而款款道来：我祖籍扬州，虽生于重庆，却总是把扬州视为故
乡的。故乡并没有我儿时的记忆，也缺少风土人情的体验，在我心目中活跃着
的，是一条隐约却又清晰的人文风景线。孙龙父、桑宝松、王板哉、魏之祯、
李圣和……多少年来，这些名字成了我对于家乡的牵挂，维系着我与家乡绵绵不
尽的情思。在他们身上，我看到了一种古风，就是家乡传统的人文风采，因为他
们，我就不难想见我并没有见过的前贤陈含光、吴笠仙、蔡巨川，他们都曾为我
的祖父作过书画，为我的父亲治过印。还可以上溯到王小某、张老姜，甚至于
"扬州八怪"。

随着与萧平先生的交往增多，我越来越体会到他这种别样乡情的博大与厚
重。

对于为扬州书画作出过贡献的已故书画名家，萧平先生一如既往地给予热
情宣传评介，大力弘扬他们的艺术精神。桑愉先生90周年诞辰之际，先生专程前
往天宁门街20号桑先生的旧居瞻仰，与我们一起回忆上世纪六七十年代在此经
历的往事，并题写"半亩园"以志纪念。孙龙父先生百年诞辰之际，萧平先生又
一次深情忆道：那时候，无论是扬州本地还是外地来扬的书画家和爱好者往往直
奔两处而去，一处是贤良街上的孙龙父先生住所"小梧桐馆"，另一处是"半亩

园"。因为这两位先生，"小梧桐馆"和"半亩园"成为当时扬州的书画雅集之所、文化艺术高地。江轸光先生百年诞辰之际，萧平先生曾为他的书画册作序。2019年春，先生再次撰文《心迹双辉——江轸光先生其人其艺》，作为《江轸光书画选集》的序言。在江轸光书画捐赠仪式暨作品展上，萧平先生为我们一一介绍江老绘画艺术特色，及其艺术风格形成的来龙去脉。先生特别强调，江老的后辈无偿捐献出江老的几乎全部作品，是一件极有意义的事情，对于研究作者本人抑或20世纪扬州书画，无不具有重要价值。

萧平先生对扬州的深情不仅浓缩在为这座古城作出过贡献的一位位文化使者身上，也寄托在一幅幅与扬州有关的书画作品上。先生早就计划出一本《扬州画坛三百年》奉献给家乡，他认为，烟花三月下扬州，看似锦繁花，如画烟景，更要认知扬州的历史，感受扬州的人文。作为扬州人文重要部分的书画艺术，近三百年间不乏灿烂，名家辈出，硕果累累，是中国美术史上辉煌的一页。为了实现这个目标，先生倾注了大量心血。

2006年春，上海浦东书画拍卖会预展中，一件《三友图》引起了萧平先生的注意。四尺条幅上，松竹梅各取一枝，相互生发，清雅绝尘。作者方华，是清代嘉庆年间的扬州和尚，《扬州画舫录》称"扬州僧画，道济而外，此为之冠"。先生一见之下，怦然心动。因当天要返回南京，便出了四倍于底价的钱，委托上海友人代为竞投。本以为可以如愿，没有想到被别人以六倍底价之值拍去。接到消息，先生茫然若失！既为与这幅画失之交臂而可惜，更为自己草草观览，未作任何记录，失去品评研究的机会而懊悔。让先生没有想到的是，次年夏天，在一次书画收藏者聚会中，当先生又一次提及对那幅画的遗憾时，一位北京友人说，这幅画正是他买下的，并且当即表示愿意割爱。先生大喜过望！在之后的"扬州书画三百年特展"上，萧平先生从自己的收藏中挑选出40余幅作品送展。虽说这些藏品不一定都有《三友图》这样峰回路转、柳暗花明的经历，但我相信，每一件藏品都拥有只属于它自己的故事。

2019年4月，"扬州书画三百年特展暨国际学术研讨会"在扬州召开，萧平先生多年的心愿得以圆满。经过精心遴选的百余件作品，征集海内外收藏家，其中部分重要作品为北美和欧洲收藏家的藏品，首次在国内展出。作为这个特展的主要策划者、组织者和学术主持人，萧平先生用这场书画的雅集，视觉的盛宴，为古城扬州的盛世春光增添了可贵的一抹亮色，这是他为扬州献上的又一份厚礼。

透过萧平先生沉甸甸的厚礼，透过先生对扬州书画前辈的厚谊，人们看到的是他对扬州故乡般的厚爱。

厚德载物。在萧平先生八十大寿之际，谨送上我们深深的祝福！

2021年12月

（作者系扬州市书法家协会名誉主席、扬州市文联原副主席。）

萧平与家父二三事

孙 扬

一

1979年，家父去世的那一年，萧平先生和徐纯原、张尔宾到扬州来，是卞雪松、马千里召集扬州书印界的同仁宴请南京艺术家。一个夏天的傍晚，我们大家到当年文化宫对面的文园饭店参加宴会，有两桌人，餐后到文化宫的小会议室座谈。桑光沄、张国宝都参加了，我清楚地记得，从文园饭店到文化宫小会议室的路上，萧先生和我走在一起，边走边聊关于我父亲的往事，特别问到我父亲有没有留下关于书印艺术方面的文章，那时家中还未整理家父的东西，只知道家父在教育、教学方面有些专论，因家父"文革"前常去南京师范大学、上海师范大学等地去编教材，就如实告知，萧先生听了叹惜不已。

过了两天，马千里送来一张画，打开一看，是萧平先生和徐纯原、张尔宾三人合作的《八哥松树图》，一棵挺拔略倾斜的老松树，遒劲的树干上站着一只神采奕奕的八哥，鸟的头微微侧向天空，一边察看天上动静，一边观看下面可食的美味佳馔。八哥是较凶的鸟，常常欺负其他的小鸟。有次我看到一个有趣的场景，我住在四楼，可以看到院外一根电线杆的顶部，有个比麻雀大一点的鸟儿在上面筑了个巢，有两只鸟儿住在里面。一天早晨，来了一只八哥，和两只鸟儿打起来，硬生生把两只体形比八哥小一点的鸟打跑，自己住进巢里，真是"鸠占鹊巢"。画上松枝和一般画不同，一般画松枝在上方，而这幅画的松枝在下方，显得松树的高大，松枝曲卷厚实，松针更是苍劲有力，款题的是："孙杨同志正之。己未之夏，纯原、尔宾、萧平合作。"当时称谓不写先生，统称都是同志，这也是那个时代的印记。己未年是一九七九年，后卜纹宗先生点评此画说："纯原的八哥，尔宾的松树，萧老师题的字，很珍贵的一幅画。"

这幅画是三位南京艺术家，因为扬州书印同仁宴请他们而答谢大家，参加宴会的每人都有一幅，这份情怀，这份真挚，拉近了南京、扬州同仁们的距离，加强了大家的交流。在座谈会上，大家可以畅所欲言，艺术上可说真话，敢说真话，这种风气是现在可想而不可企及的，这正是萧平先生等老一辈艺术家们倡导的风气。我们应发扬光大正能量的风气，加强传统、传承，抵制丑的东西。

时隔四十二年，揽画有怀，益增叹惜。今年是萧平先生八十大寿，以此文贺之。

二

2017年是家父诞辰100周年，市委宣传部、文广新局、扬大文学院和社会各界都十分重视，一致认为要搞一次有影响力的活动，纪念为培养书印后起之秀，确立扬州书印在江苏以及全国地位的推手——一代宗师孙龙父。

在家父诞辰100周年之际，为他做几件事情：出一本高质量的书画集；出一本纪念文集；开两个座谈会（扬大文学院、市文化馆各一个）；在市文化馆办一个书画展览；在江苏省美术馆办一个书画展览（因档期等诸多原因未成行），《扬州广播电视报》还开辟了"丰尚杯龙父百年征文"专栏。

市文化馆承办展览，出书画集、纪念文集，开了几次预备会议，确定会标、书画集封面，题签由著名书画鉴定家、书画评论家、书画家萧平书写，并邀请萧平先生参加开幕式。

因家父是1917年农历冬月初二出生，阳历是十二月十八日，所以展览开幕式定在十二月十八日上午举行，当时萧平先生正在北京参加嘉德拍卖会和座谈会，时间排得满满的，与扬州展览开幕式时间冲突，由卜纹宗先生多次联系，萧平先生决定十七日晚乘坐高铁到镇江，再到扬州，第二天上午参加开幕式，下午还要赶回北京参加会议。

　　第二天开幕式上，萧平先生发表了热情洋溢的讲话，本来筹备会给萧平先生准备了讲话稿，但萧平先生没有用稿子，而是即兴发挥，除了赞扬家父的艺术成就外，呼吁市领导们要重视扬州的文化传承，重视扬州老一辈艺术家的成果，要单独或者综合建立纪念馆，要把他们的艺术、道德传承下去，发扬光大扬州的书画印艺术。萧平先生的讲话，引起了众多听众的共鸣，博得大家的阵阵掌声。

　　当年萧平先生已是七十六岁高龄，为了参加家父作品展览的开幕式，不顾身体疲劳，不顾数九寒天，不远千里往返奔波，让我们家人和知道内情的人都深受感动。虽然萧平先生和家父早在五十年前就认识，当时萧平先生到扬州来，先到桑宝松先生家中，然后一起到我家中，谈论古今之艺术。家父百年书画展时，已逝世三十八年，一个故人去世三十八年，在世的人还想着他，还想着为他做事情，这除了萧平先生的恋乡情结，还有他一份纯真心怀，这和当今世俗的人生观截然不同，这种高尚的情义，是一般人所不能企及的。

　　（作者系孙龙父先生之子。）

萧平先生与《江轸光书画选集》

马育平

　　1989年深秋，魏之祯先生和萧平先生、卢星堂先生、萧和先生一行，应仪征化纤公司之邀，参加笔会。由此，萧平先生与我相识"正式"开始，至今已三十余载了。

　　萧平先生，生于1942年12月，祖籍扬州。其求学、供职主要在南京。然其与故乡扬州的书画家、金石家交往甚密。据我亲历所见所闻，萧平先生与魏之祯先生、桑宝松先生、王板哉先生、吴砚耕先生、李圣和先生均经常互动往来，相互切磋。其中萧平先生与江轸光生前故后的交集，更是令我难以忘怀。

　　"我们在扬州的老屋，据说是在东关街上的。幼年我曾住过。尔后多少年中，我也曾多次走过这条街，却至今不知老家的确切方位。渐渐地，东关街在我的记忆中，只剩下著名的个园和附近的一所深宅大院了。那座大院曾经住过江轸光先生，他是扬州国画院的创建者和首任院长，是我心目中的故乡先贤。我曾经去过那座大宅并走近他，大约在70年代，他已年逾'古稀'——较高的额头上深刻着岁月的留痕，浓重的剑眉表述着倔强的个性。"短短二百余字，既描述了萧平先生童年在扬州生活的印象，又记述着萧平先生与江轸光先生的交往。这段文字是《江轸光书画选集》（1999年版）序言中开首一段，作者便是萧平先生。

　　日月如梭，已经过去卅载有余，然往事历历在目，如在眼前。其时，江家后人为纪念江轸光先生百年诞辰，筹划出版《江轸光书画选集》。我试着请萧平先生出谋划策，不想，他主动应承为我操办有关事宜。不仅亲自写作了题为《老柏青山齐为寿》的序言，而且请徐邦达先生题签书名，同时，发动亲友义务帮忙，不辞辛劳，包揽了照相、制版、印刷等所有业务环节的联系工作。并且，充分考虑我们自费出版，处处精打细算，节约费用，使得《江轸光书画选集》（1999年版）顺利付梓出版。

弹指一挥间，转眼来到2019年。适逢江轸光先生诞辰120周年之际，江家后人将分存在各家的书画作品集中无偿捐赠给扬州博物馆。扬州博物馆将这批珍贵的书画作品加上馆中旧藏和其他的书画作品集中影印出版。这本画集包括了绘画75幅、书法73件（套），画稿249件，这是江轸光先生最为完整的作品集了。在画册的出版过程中，萧平先生为此又付出了很大的心血。

首先，萧平先生亲自逐一甄别选定捐赠作品。这批捐赠作品汇集之初，来自江家后人各家，有些作品既未署名也无创作年代。如何选定捐赠作品并能符合江轸光先生一贯严谨作风的要求，我作为主要编纂者，心中并无把握。因此，我将100多幅字画，200多幅画稿数次分批带到萧平先生家中，请他鉴别把关遴选。萧平先生对每件作品一一过目，耐心仔细地琢磨，既要保证捐赠作品的质量，又能反映书画艺术创作的一般规律，最终确定了捐赠作品的清单。在这过程中充分展示了萧平先生的鉴定功底。

其次，考虑到这本画册是迄今为止江轸光先生最为完整的作品集，今后也难以汇聚如此众多的作品。因此，我与萧平夫妇商量画册的定位时，最终选择了出版画册的最高定位。也就是说把每件作品的名称、尺寸、创作年代、题款释文、书法释文、印章释文都用印刷体标注清楚。萧平先生说："这是国际拍卖行拍卖图册的标准。"萧平先生的夫人邹正玉女士还不忘提醒我说："这项工作是很烦的哦，工作量非常大，萧平画册的出版物已经有三十余种了，我们深有体会。"后来的实践让我感同身受。有些作品年代久远并无画名，有些作品没有创作年代，这都需要逐一明确。有些绘画的题款以及一些书法作品，由于草书较难辨认，特别是有些字，书写时意到笔不到，难以识得，以致常常认错。要把这些问题都搞明白，不仅数量很多而且难度很大，常常超出我的能力范围，每当我无法解决之时就去请教萧平先生。在萧平先生的耐心指导下，最终得到了正确的释文答案。从编辑画册最初稿到最终稿，前后共形成过22个版本，足见编辑工作难度之大。画册出版之后，到目前为止几乎未发现释文错误，这是与萧平先生深厚的草书学养和悉心指导分不开的。

再者，《江轸光书画选集》（2019版）筹备出版之初，我拜托萧平先生为之写序，他欣然应答。在起草了序言初稿之后，他将序言初稿和画册印刷初稿，放置案头，一有空闲，便翻看阅览，细心品味，或有感受，即提笔修改。如此这般，看看改改，持续数月，方才定稿。萧平先生对画册如此重视和用心的程度，令人十分感动。试举一例，就序言的题目"心迹双辉——江轸光其人其艺"而言，足见萧平先生的深思熟虑。江轸光先生八十岁以后，因喜爱杜甫"心迹喜双清"诗句，书写了多幅"心迹双清"的书法作品，以此自喻。萧平先生看到这些作品后，结合对江轸光先生的人品艺品的了解，体会到了江轸光先生的用意，因此，巧用"心迹双清"而改其一字，将序言的题目定为"心迹双辉"。萧平先生不仅认为江轸光先生心地善良、行为高洁，而且充分肯定江轸光先生的艺术和艺术教育的辉煌成就，充分表达了萧平先生对江轸光先生的敬意。

萧平先生既是画家、书法家，又是美术史论家、书画艺术评论家、鉴赏家。他两次为《江轸光书画选集》1999年版和2019年版作序。在"心迹双辉——江轸光其人其艺"序言中，萧平先生以其美术史理论家的历史眼光，将江轸光先生七十余年艺术生涯清晰地划分为三个阶段，并且记述了三个重要经历，又以其书画家、鉴赏家的专业经验对江轸光先生的重要的代表作品，从构图、色彩、用笔直至作品的整幅意境和风格渊源，文言白话相间，细细评说。既有振衣提领的整体概括，又有具体详细的逐幅解读，娓娓道来，隽永绵长。这篇序言既是一篇专业的书画艺术评论，又是一篇古典与现代语言相结合的优美散文。

回到本文开头，1989年，金秋十月，秋高气爽之际，魏之祯先生、萧平先生、卢星堂先生、萧和先生雅聚仪征化纤厂，老中两代，绘事书艺，各显风骚，其乐融融。其间，魏先生请萧和先生为其写真，萧和先生欣然应允。一俟魏先生端坐，萧和先生直接用毛笔蘸墨，起笔勾勒，萧平先生与我在旁欣赏。不一会，一幅既形似又神似的魏先生肖像，跃然纸上。然后，萧平先生题写上款，兄弟二人一画一写，珠联璧合，实为画坛佳话。聚会临别时，魏先生对我说："萧平将来一定能执江苏画坛之牛耳。"三十三年过去，萧平先生已经成为全国著名的画家、书法家、美术史理论家、书画艺术评论家、鉴赏家、收藏家，正所谓"六家集一身"。这些年我一直不断回味着魏之祯先生的评价和期待，作为外行，我并无评判的资格，然而，放眼望去，在美术工作者群中，能够集"六个家"于一身并出其右者，又在何处呢？

萧平先生名声日隆，艺术事业正当兴旺，百忙之中，不忘关心扬州教育事业，热心参与振兴新扬州画派的各项活动，使扬州人更感到萧平先生可亲可敬。今年适逢萧平先生八十寿辰，仅以此文记述萧平先生与扬州书画家的友好往来，记述萧平先生浓郁的故乡情怀和高洁的人品，并且衷心祝愿萧平先生健康快乐，艺术之树长青！

2022年5月

（作者系江轸光外孙。）

超凡脱俗　德艺双馨

——我国著名书画家萧平先生与佛结缘

曹如诚

　　祖籍扬州的萧平先生，不仅对古城扬州有着深厚的感情，对底蕴厚重的扬州文化有着深入的研究和独到的见解，而且是一位博学多才、艺术成就卓著的书画艺术大家和文化学者。

　　我和萧平先生初识于2009年岁末，那是11月20日下午，他作为国内著名的文化学者登临《扬州讲坛》，以独特的视角，讲述扬州八怪的历史、艺术与传承，解读那段二百年来让人津津乐道的画坛传奇，为人们解开了扬州八怪流芳中国画坛之谜。演讲结束后，我走近台前，有幸拜识了儒雅谦和的萧平老师。那时我正在撰写《林散之与扬州》一书，想请萧老师为此书作序。翌年岁暮，萧老师亲临扬州特殊教育学校为优秀学生颁奖，我得知后，携带《林散之与扬州》书稿，匆匆赶往萧老师下榻的扬州宾馆，叩开房门，房间里墨香阵阵。萧老师正在聚精会神地挥毫创作花鸟作品，画案前围满了他的粉丝。见我造访，萧老师便撂下手中的画笔，主动接待我。我马上递上《林散之与扬州》一书的样稿，冒昧地请萧老师斧正并为其作序，他打开书稿，粗略地看了看，便一口允诺，欣然接受了我的请求。临别时他取来他的专著《丹青论古今》，题款赠我，还在纸上写下他的联系电话。之后，我们常有电话短信联系，我去南京，总是要请他一聚。萧先生儒雅可亲，平易近人，只要在南京，他总是如约而至。渐渐地，我便和萧平老师结下了不解之缘和深厚情谊。

深谙莲花的佛性

2011年初春，我邀约卜纹宗先生一同前往南京，拜谒萧平老师。踏进他在南京中山门的寓所爱莲居，我环顾四周，偌大的客厅和房间，可谓是书盈四壁，汗牛充栋，洋溢着浓浓的书香气息。

说起萧平先生的寓所爱莲居，我想应该与莲花的佛性有关。莲花，是清净、圣洁、吉祥的象征，它虽不像牡丹那样雍容华贵，也没有菊花那样孤傲清高，但它那"出淤泥而不染"与迎着酷夏骄阳而盛开的习性赢得了世人至高无上的崇拜。佛教把莲花看成圣洁之花，以莲喻佛，用莲花出淤泥而不染来比喻诸佛菩萨出于世间而清净无染。所谓"花开见佛"，此花即指莲花，人有了莲的心境，便有了佛性。佛教要求人们不要受世间邪恶污秽的侵扰和影响，像莲花一样，要身处污浊的尘世而不为其污染，保持自己的洁净芬芳。萧平先生《六十自述》一文这样写道：在我步入不惑之年的时候，我将画室"朝华馆"改为"爱莲居"。"出淤泥而不染，濯清涟而不妖"的莲花，成了我的偶像。淡于功利，不依不傍，唯真、善、美是求。萧平将《爱莲说》铭刻心扉："独爱莲之出淤泥而不染，濯清涟而不妖，中通外直，不蔓不枝，香远益清，亭亭净植，可远观而不可亵玩焉。"并以此作为终身攀登的高原，励志笃行的动力。

在萧平认识的诸多花卉中，莲花是他的最爱。他一生不但爱莲，还喜欢养莲、画莲，更懂得莲花的佛性，崇敬莲花的高贵品格。他说："泼墨写荷叶，是最痛快的事。我常因之想到狂士徐青藤，横涂竖抹，不假思索，得淋漓之趣。遇有什么兴奋的事，放笔一挥，可寄可寓；遇有什么烦闷事，纵笔抹之，借以排遣，借以宣泄。"萧平一生中，创作了数不胜数的荷花作品，他笔下的荷花千姿百态，意趣横生。他常常采用大写意手法，或用流畅的笔线，或用泼墨泼彩，尽情地挥写，格调或清新或雅丽。彩与墨和谐交融，洋溢着丰富多彩的神韵。他忠于自己的所感、所思，在经意与不经意之间，表露出他的豪爽、率真、柔中有刚、刚柔相济的性格，抒发他那格调高雅的气质、宽厚广阔的胸襟和与众不同的审美理想。在萧平先生60寿辰，南京艺兰斋还为萧平先生举办了"萧平六十华诞画荷精品展"，60幅千姿百态的荷花佳作，风格各异，禅意十足，赢得了书画爱好者的广泛好评。展览不久，又被金湖县政府邀去参加"荷花节"，在县城引起轰动。

萧平先生深谙莲花的佛性，"觉而不迷，正而不邪，净而不染"，保持着独立的人格和良善的品德素养，守住属于他自己的不受尘世污染的那一方净土。他明白是非，爱憎分明，重义轻利，不善逢迎，同情弱者，从不苟且。近一些年来，世风浮躁，对于品德的漠然，对于功利的热切追逐，几乎遍于社会的各个领域，有风雅之名的艺术圈，风雅也所剩无几。少数"群众团体"的协会，无不忙于竞位、谋职、争名、渔利，"崇德修身，尚艺守正"清风正气荡然无存，哪里还想到艺术的本质与群众的需求。萧平虽然人脉广泛，朋友圈中也不乏高官富豪，但他从来不依不傍，不卑不亢，不卑躬屈膝，不趋炎附势。他渐取半隐之态，避立于边缘净地，在读书、为文、作画中获得身心的清净。他说，"人的一生不一定要做什么大官，但可以做一个受人尊重的文化人"。这种与艺为伍、与佛结缘的超凡脱俗的人生境界令人肃然起敬。

广结佛缘，亲近高僧

萧平与佛结缘，不仅将画室改为"爱莲居"，而且对佛教事业有着浓厚的兴趣。他应邀担任江苏省民进江海书画会会长，江苏省佛教协会缘源书画院艺术指导委员会主任，江苏省民建书画院顾问，扬州石涛书画院院长。他亲赴台湾，拜晤佛光山开山宗长星云大师，为大师祝寿；还与江苏省民族宗教局原局长翁振进、南京大学宗教与文化研究中心主任赖永海、江苏省佛教协会会长心澄以及高旻寺长老德林、大明寺住持能修、鸡鸣寺住持莲华、栖霞寺住持隆相等佛教界人士时有雅集，赠予悉心研究出版的《历代名僧书画集》，彼此切磋书画艺术，研究佛教文化，探讨"清净""因果""轮回""善缘""积德行善"等佛教观点。

当代佛教界高僧、金陵兜率寺圆霖法师少时早慧，亲近佛门。32岁时，至南京江浦县老山西华峰狮子岭兜率寺，拜体义法师为师，剃度为僧，法名圆霖。1982年，67岁时任住持。山居期间，圆霖潜心佛学及书画。圆霖善画佛教人物，早年工笔一丝不苟；晚岁写意，简约恣意，惟见墨线勾勒，赭色淡染，素雅平淡中益增佛界之庄严。圆霖又喜作山水花草，所绘峨眉山、九华山、五台山、普陀山等佛教名山，无不意趣高古，虚静空灵，勾染皴擦深得新安画派之神髓。2008年5月，圆霖在兜率寺安详圆寂，世寿93岁。萧平对圆霖法师敬重有加，也曾与法师互赠书画。2014年，适逢圆霖法师诞辰100周年，为了缅怀一代高僧对佛教事业和佛教文化所作出的杰出贡献，南京太紫阁吴平夫妇拿出多年的藏品，并多方征集其他居士和藏家手中的作品300余幅，出版《圆霖法师书画集》，请萧平先生写序，他慨然应允，不仅对出版的每一幅作品仔细过目、认真把关，还精心创作充满禅意的花鸟画《佛心禅趣》，祝贺书画集的出版。他在序中写道："说起圆霖法师，我与之仅一面之缘，不过今天想起，仍然印象深刻。他似乎纯任自然，没有丝毫的装饰与做作。从形象神情、言谈举止到写字作画，甚至他住所的禅房，他所主持的兜率寺，亦无不如斯。寺中最引我关注的是琳琅满目的关于佛的壁画，或大或小，或横或竖，或独幅或组画，皆出自法师之手。观其笔迹，大约十数年间陆续绘就的。徘徊其间，令人感慨不已。这简朴的寺庙，就是法师的艺术馆，就是佛教艺术馆啊！"字里行间，充分表达了萧平对一代大德高僧的崇敬之情。

研究推崇"苦瓜和尚"

萧平与佛结缘的最大特点是他对佛教文化的敬畏，对高僧书画艺术的研究与推崇。清初画坛"四僧"之一的石涛是中国画的一代宗师，他既是绘画实践的探索者、革新者，又是艺术理论家。他的艺术主张和绘画实践对后世产生了极大影响，也为中国画向近现代的发展作出了重要贡献。萧平极为尊崇敬仰"苦瓜和尚"石涛，他携弟子及全家前往扬州平山堂，敬香、恭拜石涛墓塔，踏步前往小秦淮河畔寻觅石涛遗踪，创作石涛《大涤草堂图》，书作石涛诗稿，题写"石涛书画院"匾额。难能可贵的是，萧平坚持潜心研究和推崇石涛与扬州八怪的书画艺术。

2015年4月，扬州石涛书画院在千年古刹大明寺挂牌成立，我前往南京邀请萧平老师前来扬州揭牌，并想请他在鉴真佛教学院作《石涛与扬州》的专题讲座。没想到，萧老师不提任何条件和要求，亲自安排交通工具，径直开往扬

萧平先生师生一行于扬州大明寺留影

萧平先生拜访德林大和尚

州。上午赶往我国佛教禅宗四大丛林之一的高旻寺，再次拜谒百岁高僧德林长老，书赠大红洒金"福"字，祝愿一代高僧年年有福报；下午又马不停蹄地赶到大明寺，和马家鼎、王玉新等扬州市老领导一起为石涛书画院成立揭牌，并作《石涛与扬州》公益讲座。没想到，鉴真佛教学院的讲座现场爆满，座无虚席，连过道和外走廊上都被扬州观众挤得水泄不通。大家纷纷前来聆听萧老师的精彩演讲。

萧平的开场白一下子就抓住了扬州听众的心。他说："今天在这里讲石涛与扬州，应该说非常适合，很有意义。因为石涛的最后十年就是在扬州度过的，最后也葬在扬州的平山堂后面。如果石涛的最后十年不是在扬州，可能就没有了扬州八怪。"他开宗明义地首先明确了石涛与扬州八怪的关系，充分肯定了石涛在我国绘画史上的崇高地位。

接着，萧平解释道："我国现代著名画家潘天寿先生曾提出，八大开江西，石溪开金陵，而石涛则开辟扬州画风。扬州出现的扬州八怪画家，无论是理论上、艺术实践上都受到石涛很大影响。"那么，扬州八怪究竟受到石涛哪些影响呢？对此，萧平深入浅出，娓娓道来：首先体现在书法上。石涛的书法变化很多，早年受董其昌影响，后来转向了苏东坡。石涛书法不是求秀美，而是追求一种讲究个性的拙美。并且石涛是以书入画、以画入书。他的书法中有许多画的痕迹。因此，从书法上讲，石涛对扬州八怪所有画家的书法都有影响。其次，从绘画上来看，高翔是"八怪"中唯一与石涛有直接接触的画家，他受石涛的影响最大。高翔是"八怪"中以山水见长的画家，但据考证，高翔一生最远就是到镇江，可以算得上是从不出远门的。而石涛一生不仅游历多处名山大川，并且也擅画山水。所以，高翔的山水画作很多就是从石涛那里来的。除高翔外，李鱓也是受石涛影响较多的一位"八怪"画家。至于其他"八怪"画家也是或多或少受到石涛的影响。从艺术的思想上来看，石涛提出的"搜尽奇峰打草稿""笔墨当随时代"等画论，其实就是讲画家在创作时要注意师法自然、重创新、不被传统所囿的创作观，这些都对"八怪"产生了很大影响。

1693年，51岁的石涛定居扬州。在扬州的这十年，是石涛潜心作画，作品流传最广的十年。据不完全统计，石涛约有一半的作品是在扬州完成的。所以，扬州这十年，也是石涛艺术高峰的十年。萧平认为，石涛在扬州的这十年，之所以能够达到艺术的高峰，是因为扬州给了石涛生活与艺术的条件：扬州深厚的历史文化以及秀丽的风景提供了丰富的艺术滋养与创作素材；当时国内许多一流的文人都来过扬州，比如孔尚任、查士标、龚贤、程邃、孙逸等，给了石涛一个很好的交友环境。而康熙皇帝的心腹曹寅也与石涛的关系很好。"石涛不仅画了许多以扬州风物为题材的作品，在他的生前，就已划定了蜀冈为自己的身后之地。可见，石涛与扬州的感情很深。"

说起石涛，萧平如数家珍，且不乏幽默。他说："我是扬州人，与石涛一样，我对扬州的感情也很深。巧合的是，我与石涛都属马，他是1642年出生，我是1942年出生，石涛大我整整300岁。而与石涛同年出生的还有一位画家就是王原祁。"王原祁为清代"四王"画派的领军人物，他曾与石涛合作画过一幅《兰石图》。石涛画兰，王原祁补画坡石，这幅作品曾被清宫收藏，现存"台北故宫博物院"。

"当年，王原祁看到石涛的画作后，赞叹道：海内丹青家不能尽识，而大江以南，当推石涛为第一，予与石谷皆有所未逮。王原祁自己就是江苏太仓人，是标准的江南人，且是当时的画坛领袖。由此可看出他对石涛的欣赏。"在谈到石涛艺术成就时，萧平说道。白石老人认为石涛是"下笔谁叫泣鬼神，二千余载只斯僧"。吴冠中则认为石涛是"中国现代绘画的起点，是中国传统画论的集大成者"。"我的先生傅抱石，为表达对石涛的崇敬，特别改名'抱石'。正因为石涛对中国画史的贡献巨大，所以，现在不仅是中国的专家学者研究石涛，世界上有不少其他国家的学者也在研究石涛。那个时候的扬州，还涌现了不少书画大家，如王云、禹之鼎、萧晨、李寅等人，都非常值得我们去研究。"

萧平的精彩演讲，让听众大饱耳福，受益匪浅。演讲结束后，大家纷纷走上前台，向他求教，请他签名，和他合影，萧平一一满足大家的要求。其情其景，让我至今难忘。《扬州晚报》记者吴娟老师自始至终聆听演讲，并对此次活动作了详细报道。

积德行善，普度众生

"诸恶莫作，众善奉行，自净其意。"大善大爱的萧平铭记佛教偈语，热心公益，踊跃义捐，广结善缘。1998年，我国南方发生特大洪灾，萧老师看到中央电视台"我们万众一心"赈灾义演晚会，深受感动，他夜以继日，创作了十一件书画作品，通过太平洋拍卖公司在金陵饭店举办"萧平捐助抗洪救灾书画拍卖会"，并将全部所得当场交给在场的江苏省民政厅厅长转往灾区。2007年，他参加爱德基金会的名家书画作品义捐义拍活动，支持基金会实施助残、助困、助学、助老、救灾等公益慈善项目。2008年，萧平登上了"中国艺术家慈善榜"。2008年汶川地震后，萧平不仅走进各种捐画捐款赈灾现场，其书画作品还出现在由国家有关部门举办的"艺术家赈灾义捐义拍"和"为了汶川重建家园赈灾义拍"等活动现场。2009年，萧平的身影出现在"为共和国的英模献上一份爱心——大型慈善字画义卖"活动场馆。2011年，他携作品走进江苏省慈善总会举办的"慈善迎新晚会"书画作品义卖现场，同年萧平被全国民主党派、无党派、全国工商联评为"为建设小康社会作出杰出贡献的先进个人"，在北京人民大会堂接受颁奖并受到国家领导人的接见。2015年，扬州红十字博爱美院成立，他欣然题写匾额，并为有志于书画艺术学习的困难学生进行绘画辅导。2020年，新冠疫情全国蔓延，他满怀激情地挥毫创作《灭毒驱邪图》，参加南京市文联、南京市慈善总会等发起的"大爱无界"艺术品线上慈善拍卖活动，所拍6万元善款全部用于抗击疫情。2021年8月，扬州疫情爆发，新冠病毒肆虐，萧平寝食不安，笔墨凝重地创作《钟馗图》，为扬州人民祈祷。他深情题诗："故乡有疫情，我心久难平。欲借钟馗剑，杀毒复康宁。"并题道"闻扬州疫情不减反增，心急如焚。把笔以冬心先生笔意写此，聊以寄情耳"。萧平对家乡人民的无限热爱和对德尔塔毒魔的深恶痛绝跃然纸上。

乐善好施的萧平不但主动参与各类慈善活动，还情洒扬州校园，关爱残疾孩童。2004年，他应邀为扬州特殊教育学校题写校名时，有机会走近聋、哑、盲童的生活。在那里，萧平看到了困难孩子的学习生活状况，进而发现了奋发于困厄中的人性之美，心地善良的萧平心灵深处受到了极大的震撼，这些孩子多么需要全社会的关爱与帮助呀！于是萧平悄悄地从自己做起，2004年他不但在这里设立了10万元"萧平艺术奖"，还联系美籍华裔林建华夫妇在学校设立30万元的"李元骏、林建华奖助学基金"，奖励在各级各类艺术比赛中获奖的学生和辅导教师，帮助家庭困难的学生。2006年冬天，他来到学校，发现有些孩子的床上没有棉被，一打听原来这些学生因为家境困难，把学校发的棉被留给家里的父母用了，萧平理解孩子的善良和"两难"的无奈，回到南京，他和夫人邹正玉女士立即发动亲朋好友，开着三辆私家车，为孩子运来了价值几万元的棉被、羽绒服、毛毯等过冬物品。同年，他个人又出资2万多元在学校设立"萧平爱心画室"，用于帮助有志于书画艺术的残疾学生。聋哑学生朱骏喜爱书画，他当场收他为弟子，悉心传授技艺，使这位聋哑生考上长春大学特教学院国画系，现在毕业后的朱骏又回到母校担任了美术教师。他还专程赶来扬州，去购买残疾学生制作的工艺画，鼓励孩子劳动创造，成为社会的有用之才。他多次挥毫泼墨，赠送书画作品给捐资助学的社会友人。学校沙石操场年久失修，常常让盲人学生上体育课时跌破手脚，站在高低不平的操场上，萧平表示捐助30万元重建新操场，在场的扬州一家单位的老板马上抢着说"这就不要萧老师出资了，我们来"。事后，这家单位迟迟不兑现，原来这个单位的老板希望捐助时见到萧平。学校的事、孩子的事是大事，耽误不得，萧平迅疾赶到扬州和老板见面，并满足老板的要求，为单位写字画画，使捐赠活动得以实施，现在投资30万元的塑胶跑道已经投入使用。如今17年过去了，扬州特殊教育学校已经成为江苏省残疾儿童教育的先进典型和全国残疾儿童艺术创作基地。

我不止一次地参加萧平夫妇的颁奖和捐助活动。事后我问萧老师为什么这么做？他笑笑说，因为我是画家，收入比别人要高，拿出一点钱来，做些善事，既是对社会的回报，也是心灵上的慰藉。质朴的语言彰显出了一位老艺术工作者的道德情怀。

佛教上的"戒定慧"说的是，信佛需要完善道德品行，致力于内心平静，培育提升智慧。萧平先生正是"戒定慧"的虔诚实践者，他用自己美德善行的旋律，"艺于游"的音符，书画兼工、鉴藏并举、文论相谐的辉煌乐章，演绎了一位德艺双馨艺术家的完美人生交响曲。

（作者系扬州市老艺术家协会主席，石涛书画院执行院长。）

恩师萧平先生

吴汉华

春华秋实，岁月无痕，飞逝的时光都变成了美好的回忆，绘画已经成为我生活的一部分，如同吃饭睡觉呼吸一般。遇到难以用语言表达的时候，我就拿起画笔……绘画带给我的是轻松、喜悦、充实和智慧，绘画能陪伴我至今，除了自身的热爱，也感恩于很多老前辈的带领和指导，今天想说说其中一位恩师——萧平先生。

1985年，江苏省国画院发布了在全国招收二十名进修生的消息，我获悉后争先报了名，也幸得民政厅王厅长的出力帮助，特殊的我被破例录取进画院深造学习，也正式拜师于萧平老师。当时萧老师一看我是聋人，又同为扬州老乡，愉快地接纳了我。我离职到南京，借宿在萧老师后宰门家后面的一小区宿舍楼，隔日便去萧老师家请教，由此开始了一个良好的学画规划。由于我语言不便，萧老师不厌其烦地与我笔谈画艺，他对我说："中国画的笔法在中国画的表现方法中很重要。学习前人的笔墨精神，也要熟悉山水画的传统与历史，吸收其精华，更要在绘画本体上进行开拓与锤炼。"他常对我说，传统的笔墨技法，都是历代画家静观自然参悟造化提出来的，有很多精华值得我们去品味、学习。如：黄宾虹的画，既有宋画的严谨，又有元人写意的气韵，还从金石篆刻的手法入手，用笔苍润辛辣，结体奔放自由，在用墨上宿墨、新墨互用，画面深厚华滋。陆俨少对前人广收博取，吸取南宋北宋的营养，尤得元人笔与图式之法，结合现实，获取新的语境等等。每次带习作请萧老师指点，他都耐心地修改不足之处，还鼓励我不断地学习古人传统，临习、领悟各家的画法，也是练好基本功最好的选择，精研宋元明清大家的画风、特点，研读古人画论等，在继承传统的基础上，不断地学习与创新，开拓"笔墨"语言的广阔天地。临习传统，主要取其水墨并用，淋漓酣畅之趣，这叫"活法"，大不同于呆摹的"死法"，奉行的是转益多师，是老师赠与我的信条，也是绘画上一条不可回避的道路。

萧老师除了指导我学习绘画的方法以外，也鼓励我多看名画真迹，南京有名家笔会活动他常带我去参加，让我有机会观看名家现场作画，从中学习，获益匪浅。在生活上他也对我关怀有加，在我年轻时，他除了赠与我好书，还常赠与我一些好的文房用具，鼓励我多画多思考。老师也常组织爱莲居门下的学生们一同谈艺，办师生展，友谊、画艺共同提升。在我的眼中，老师一直儒雅有书卷气，是一个集书画诗文鉴赏于一身的杰出文人，有时老师像师长，有时又像父辈一样无微不至，这种特别的师生情感一直鼓舞和温暖我，令我觉得艺术路上有人相伴不孤单，有动力。

近年来我漫游各地积累了一些写生作品，也常带去南京请老师指导，老师翻看写生作品时，肯定地赞评，同时嘱咐我继承传统技法与写生手法，只有深入生活，才能有助于理解传统，从而准确地继承传统。师古人之心，师古人之迹，师造化是中国画的一条基本法则，回望萧老师用笔用墨完全是从各方面吸取精华，挥毫笔墨深有变化、丰富精彩，萧老师的艺术思想，正在这方面给我提供了很好的范式。在此我感恩老师，继续努力学习，道漫漫其修远，我定不辜负萧老师的厚望。如今萧师已高龄八十寿，愿老师身体健康，艺术辉煌，愚生叩首！

吴汉华写于海南愚居

2022年2月28日

（作者系江苏省残疾人书画会主席，曾受教于萧平先生。）

余霞散绮

——爱莲居同门珍藏萧平先生书画作品集引言

沈建南

今年是萧平先生八十华诞，爱莲居同门编印《余霞散绮——爱莲居同门珍藏萧平先生书画作品集》，以志庆贺。

第一次见到萧平老师，是1988年，先生在江苏省美术馆的首次书画展上。那年我十八岁，跟随扬州的许从慎、吴树等几位前辈老师前往。热烈的开幕式上名家济济，从慎先生和萧老师是旧友，他远远地指给我看，清瘦、儒雅戴着眼镜的那位，就是萧先生……

次年，从慎先生因病仙去，他一生清贫，从未办过个展。于是，我们几个学生动议，来南京化缘，欲求得几张金陵名家书画回去换些资金，给从慎先生办遗作展览并出本画集。到南京后，第一个敲开的就是清溪路1号南京博物院宿舍楼萧平先生的门。听完来意，先生立即放下了手头工作，展纸挥毫，一张红荷、一张米颠拜石画就，那两纸风神，至今难忘。这也成了我走进先生爱莲居的缘分。

九十年代后，随着对古代书画鉴藏的痴迷，我世界各地的跑，常常带着许多难解的问题求教于先生，渐渐成了爱莲居的常客。

众所周知，萧老师是集学者、书画家于一身的书画鉴定大家，对书画笔墨之理解，尤其是南宋以降的文人绘画流派的梳理、剖析和精准的判别，海内外咸知。源于此，先生笔墨的取法大多在董其昌所言的"南宗"一路，恬淡清新，放逸自得。或大痴、山樵，或清湘、麓台，亦或冬心、复堂……元明清诸家，无不信手拈来，悠然借境游走。

有趣的是，先生中岁之后，于笔墨自由游走中又借来了色彩斑斓的法国印象派。记得有一次在巴黎，先生致电于我：带一本莫奈的大画集回来。这一切，最终竟演变成了笔下那些酣畅淋漓、光影变幻的大泼彩！梵高？马蒂斯？莫奈？或都是，或都不是，也许这就是方家们所论的"不古不新，又古又新"吧。

自上世纪八十年代始，萧老师的作品便为国内外书画收藏家们所关注，是最早成为苏富比拍卖行竞拍品的当代中国艺术家作品。

或许是对先生艺术的了解和偏爱，兼之近水楼台，我和几位师友自然也成了老师书画的收藏者。二十余年点滴积攒，多少都有了些所得。今冬，是先生八十华诞，诸友合议，出一册师友们收藏的先生作品集，让更多的朋友们都能读到这些清新的笔墨，更是向老师精彩的艺术人生致敬！

这批作品最早的是八十年代初，最近的是今年的新作。一部分得之于海内外的拍卖行，是八九十年代先生画与海外友人和香港万玉堂等画展中释出。另一部分，则是先生的赠予和课徒之稿。三十余年间，学生、道友和老师点点滴滴交往的光阴故事，都如尘封的岁月一般，随画卷又徐徐展开……

作于1982年的绢本《雪山图》，最初是美国伯明翰博物馆的藏品，后在美国拍卖中释出；以黄鹤山樵之细牛毛皴所写《龚贤诗意图》，墨彩淋漓的《莽野》，如散文诗一般的《江雪印象》，是八十年代后期至九十年代初的重要作品。时先生风华正茂，在1991年香港万玉堂举办的画展中，轰动一时。这三件佳作被美国藏家购得，时隔三十年后，又重回香港，在邦瀚斯拍卖会中释出。时光荏苒，递藏更迭，万里而海归，令人感怀。

《放獐图》记录着一段感人的小故事。题曰："辛未秋暮，余与友人小住太湖马迹山，此原湖中之岛，景色幽美。一日晨起，见有捕得野獐求售者，此物似鹿而无角，腹凸而乳竖显有身孕，余大悯，遂出价购得，并乘船驶至捕獐之龙头渚，放归之于山林之中……"人性善良之美，跃然纸上。

金笺工写之《春山访碑图》，创作于1998洪灾之年，画后题："眼中江如带，心为楚水忧。拙艺堪挥洒，风雨共一舟。戊寅夏秋间，长江中游洪水泛滥成灾，危及千万百姓。余有感于斯，作书画十一件，于七月初八日举行捐助抗洪救灾书画拍卖会，所得款三万七千元，全部交省民政厅，转致受灾同胞。此图即所拍书画之一，为建华医生竞得，其热爱书画情系灾民之心，堪为一书，故为补记如上。"读之令人动容。

2012年，先生赴台北"故宫博物院"，看了元人黄公望之《富春山居图》合璧展真迹后，有感而发，归来全本临写成卷。北京和江苏名家：薛永年、宋玉麟、孙晓云、李秋水、吴树、熊百之、杨小扬等先生长诗题咏于后，成一时之佳话。

去岁，先生又精临倪云林、清湘老人、王麓台、弘仁数本以课徒，或墨笔或大青绿，并长题以记用笔之心得和感悟，笔墨功力之深，方家展卷便知。

这近百件书画，都是萧平先生多年的学生，以及交往数十年的同道所珍藏，是先生六十年艺术生涯的缩影，是古榕树上一片片各色斑斓的树叶。

记得有一日上午我去拜望先生，他正在书房中，侧耳贴着墙，我一时不解，先生招手悄语："嘘，你来听，空调洞里有好些鸟儿在里面做窝了，扑啭、扑啭的。"晨光中，我们相视而笑……

先生有着那么年轻的心，真好！

辛丑初冬

学生沈建南于广陵清泉书屋灯下

（作者系书画收藏家，师从萧平先生。）

情意飞扬　豁达圆融
——写在萧平先生八十华诞之际

徐颖宏

家中客厅醒目位置悬挂着著名书画家萧平先生的一幅书法作品"天下三分明月夜，二分无赖是扬州"，行笔潇洒，清劲卓然，给居室增添了文化品位。

仰慕萧平先生已久，但认识先生还是在2012年深秋。当年，富春大酒楼开在南京月牙湖畔的菖蒲园大街上，距萧先生家很近。我熟悉的扬州文化界卜纹宗、曹如诚等往萧府拜会，一番交流后，扬州友人便邀约萧平先生到南京富春就餐。听说品尝扬州菜，萧先生欣然应约。在餐厅，我第一次见到了儒雅温和的萧平先生，递上名片后，萧平先生鼓励道："富春总经理，还是扬州市作协的秘书长，颖宏先生是个儒商哟。"那次相见，我和萧平先生彼此熟悉了。此后，萧先生时常与友人或家人来店消费，对淮扬菜情有独钟。

说起萧平先生与百年富春的渊源，还得追溯到1985年。当时43岁的萧平就为扬州富春茶社100周年店庆题写了"调和鼎鼐百年功"和"香飘百年"，对富春的深厚底蕴予以积极评价。如今，这两幅作品分别陈列在"淮扬第一楼"得胜桥富春茶社二楼及来鹤台富春酒楼"鹤鸣厅"，受到中外宾客的关注和赞赏。

萧平先生祖籍扬州，他对扬州的内在情感决定了他与扬州友人的频繁互动。建于清光绪十一年的富春茶社，"花、茶、点、菜结合；色、香、味、形俱佳；闲、静、雅、适兼优"，是各方文人的心仪之地。很多时候，萧平先生在扬州的雅宴选择在富春茶社。

富春所出菜品也非山珍海味、熊掌燕窝，大多选用市井常见之物，但注重新鲜，讲究技艺，突出风味，因而受到青睐。萧平先生几度携海内外书画界、收藏界大咖寻味富春，大煮干丝、文丝豆腐、扒烧整猪头、翡翠烧卖、五丁大包、迷你水饺等都极受欢迎。

我向萧先生介绍富春菜点"粗菜细做、平菜精做、俗菜雅做"。萧平先生听后分析，并向来宾介绍："扬州菜和点心清新精致，悦目养生。历史上，扬州依托大运河贯通南北的优势，将北方之雄与南方之秀充分融合，兼收并蓄。盐商和文人对淮扬菜的发展注入了极大的动力，增添了独有的风情韵致。富春能秉承传统，发展创新，比如'迷你水饺'，四种造型，四种口味，且小巧迷你，巧夺天工，这就将富春茶点非遗技艺进行了拓展。"萧平在介绍时的神情让大家感受到先生的浓浓乡情和自豪。他后来还对我说："用马齿苋菜、黄鳝等制馅做包子，别有风味，是富春因时出品和厨师技能的体现……"

美食之美还需美好环境来烘托，萧平先生在富春茶社见到近30年前题写的"调和鼎鼐百年功"因纸张受潮，出现水斑，影响了品相，随即现场挥毫重书，传为佳话。他在富春见到了江苏"书坛四老"之一的孙龙父先生的画梅代表作"春光烂漫"，很高兴，但发现红色梅苞、花蕾已有褪色现象，提醒工作人员注意防护，要避免阳光照射。近年来，萧先生还为富春题写了"淮扬特色传四海，富春风味香百年""佳肴久传名，富贵百年春"等，丰富了富春的收藏，扩大了富春的影响。

萧平先生多年来与扬州书画界名家孙龙父、魏之祯、桑宝松、王板哉、吴砚耕、江轸光、李圣和等多有交往，既熟悉扬州书画史，又参与到扬州当代书画发展进程中，为扬州书画园地培根浇水，进而满园芬芳作出了宝贵贡献。他凭藉深厚的书画史理论功底及多年的收藏实践，率先提出了"扬州书画三百年"的研究课题，并多方联合中外收藏家，于2019年4月初在扬州迎宾馆举办了规模和影响堪称空前的"扬州书画三百年特展暨国际学术研讨会"。就此，萧平先生表示，烟花三月下扬州，不仅要看似锦繁花，看如画烟景，更要认知扬州的历史，感受扬州的人文。

应萧先生之邀，我和夫人有幸现场观摩特展，视觉盛宴使心境得以舒展。

萧平先生的书画作品常在各地展出，对书画爱好者来说可谓机会难得，不可多得。我夫人对书画的兴趣来源于我的带动，她认为欣赏萧平先生的作品是真正的陶冶情操。2017年3月18日正好是周六，夫人和我一早就乘高铁赶往上海，专程观摩萧先生在延安西路刘海粟美术馆举办的"游于艺——萧平书画展"，现场名家云集，艺术感染力超凡。萧平先生一家三代人都与艺术结缘，此番齐聚书画展，场面温馨，尤其是孙儿萧岑和外孙女紫暄从小就拿起画笔，传承艺术家风，令人感怀。

我与萧平先生早就互加了微信。朋友们都知道，我的微信头像就是萧先生题写的。那是2014年夏天，萧平先生书赠了"春风徐来"，我姓徐，又在富春工作，"春风徐来"用作微信头像十分贴切，一直沿用着。

萧平先生不求闻达，讲义重信。于己淡泊如水，于人温情以待。每到岁尾，我都收到萧先生馈赠的挂历、台历及作品集，新年伊始，年味浓浓，文风习习，美不胜收。

萧平先生的书画创作有着自己的审美取向和价值衡度，他对于民族文化的深情，对于人文学养的执着有着不寻常的坚守。几年前，我在安徽徽州购得一本宣纸册页，请萧平先生题写封面，萧先生亲笔写下"艺苑雅集"并在内页写意创作了"凌波仙子图"，寥寥数笔，墨色交辉，自然舒逸，情调别致。

萧平先生绘画体裁丰富，山水、花鸟、人物兼备。有一次与萧先生雅聚，他一时高兴，为在场的几位友人泼墨赠画，我冒昧地请萧先生画我的生肖"猴图"。一旁的友人说："你这个请求显得突然，萧老师以往极少画猴。"我一时惶恐。萧先生却微微一笑，说："我就试试吧。"只见他笔尖蘸墨，在调色盘上略调几下，随即落笔锋动，发线、眉毛、眼睛、鼻子、耳朵、大轮廓，一一呈现，很快一只清猿跃然纸上，形神兼备，呼之欲出。萧先生在图面左上方题书

"山林之精灵，戈父萧平试笔"，并钤上印章。

前面提到萧平先生对扬州书画园地的关注。他对扬州书画家的帮扶鼓励也是令人感佩。

2016年国庆节后，从扬州广电领导岗位退休的卜纹宗先生在扬州个园举办书画习作展，萧平夫妇专程从南京赶来祝贺。我在个园北门迎接萧平夫妇并陪同前往设展的"抱山楼"。纹宗先生多年潜心书画创作，成果斐然，加之时常得到萧先生等名家的指点，作品更具魅力。其书师法古贤，清俊爽利；其画工写兼得，简繁精当。萧平先生现场给予展品很高评价，认为"习作展"是纹宗的一种谦和、一种气度，也是一种精神，作品体现了尊贤思古，笔墨写今的意念。我注意到，萧平先生随后在个园观览时不时用手机拍摄莲花和竹子，这大约就是先生爱莲和品性的印证吧。

郭剑峰（湖上剑石）先生也是一位受到萧平先生垂青的扬州书画家。2017年秋天，我陪剑峰到萧平先生工作室，萧先生早已题好了"秋兴集翰——湖上剑石书画作品展"展标。萧平在言谈间对剑峰在书、画、印方面的传承与探索给予充分肯定，认为作品老到，寄巧于拙，富有气韵。后来，郭剑峰在扬州市美术馆的展览，萧平夫妇专程莅临祝贺。萧先生还赋诗一首并书之："凿印钢刀直下，落纸狼颖书罢。更喜墨色交融，幅幅斑斓图画。三艺妙集一身，笑视八怪弹铗。"

"为艺虔诚，治学谨严"是萧平先生给我的最大感触。他既雅善书法，又精鉴善画，是艺林公认的多面手、佼佼者！先生对于人际温馨的倾情，又将"儒、道、释，真、善、美"提升到一个新境界。祝萧平先生艺术之树常青！

（作者系扬州富春集团总经理、作家。）

光阴之美

——写读萧平先生的《高邮的民宅老院》

茆卫东

　　萧平先生是一位艺术大家，他创作于1995年的美术作品《高邮的民宅老院》，色调明媚，意蕴悠长。其表面的形与色，内里的情与思，始终弥漫着人文的光彩与艺术的光芒。

　　从摄影的角度，我以为，此幅画作应是框形构图，左右两侧是两间厢房朝南向北的窗户、窗台与房檐的一隅，色块与线条勾勒出光阴走过的老砖、旧墙，表现着浑厚的暖，斑驳的像。作品的视角是推开院门所看到的第一眼的情景——家的情景。左侧的檐瓦向着光，曲线分明，紧挨着顶端的山墙。窗框上挂着已经泛黄的小竹篮，窗台上搁着两双好像刚刚晒出的搭扣布单鞋。中间是一道爬满藤蔓绿植的山墙，迎面而来的绿意葱郁占据了大半画面，淹没着粉白的墙面、布满水渍与阴影的墙脚。作品的右侧的院落画着一口大缸，再亲切不过的一个童年的画面，盛水或是腌菜的记忆。紧贴着的是北向的厢房侧角，色彩有点深沉，也许是岁月久远或是背着光线的缘故，但无论如何，作品中所有的光与彩，均是触手可及的安静与祥和，一切，一定是萧先生的心手合一的神来之笔。

　　整个构图，看着望着，便自然地给人一个感觉，文学性或是戏剧性的感觉：也许这天是个周末，屋里有人，正在忙着家务或是纳着鞋底，也应该有孩子，正伏在窗台里的书桌上，认真地写着作业或是读着课本。所有的情节，只表达着一个暖色调的主题，可以直抵内心的"老家"主题。

　　面对这幅作品，我再三寻思，突然身心俱入，画中门外的推门人一样，好像站在高邮老城的一个角落，嗅着阳光的味道，听见乡音的飘忽。我真切地读出了，读明白了萧先生深藏内心怦然迸发的岁月的故事，光阴的美丽。

萧先生曾说过此画的创作，二十多年前，在高邮写生，从东后街的秦家大院，到南门街的馆驿巷，用一位艺术大家的视角与色彩，找寻并记录最高邮的老城印记。不过，在这幅《高邮的民宅老院》作品中，除了明媚的光，除了鲜艳的彩，还有一袭温暖与恬静，我还读到了萧先生笔尖上，那一丝风儿一样掠过窗前的忧伤，就像萧先生曾在扬州东圈门千寻万寻祖父的老宅，却没有一点着落的那一份温暖的忧伤，不悲不喜。

也许我的猜测并不完全准确，但这位对扬州心存深情厚谊的萧先生，他在高邮这座富有文史底蕴与艺术激情的城市的某个街巷院落，一定是找着寻着了他心灵深处最柔软的一点情绪，或是一个虚幻的镜像，便艺术地将内心的那份故土之情，流露于笔端，倾诉于颜料，一气呵成一幅他的故土、他的远去的老家的亲情与爷爷的背影，以及那一个他始终心怀，一直没有抹去的念想。萧先生，我说的对么？

这幅美术作品，描绘的不是萧先生一个人的高邮的民宅老院，而是升华着一代国人的老家情结，如果读懂了，读明白了，便读懂了中国人关于家的含义与意义，还有那一双粗糙的温暖的散发着乡里乡亲气息的大手与房舍、院落。《高邮的民宅老院》不是画的高邮，也不是呈现的一个静态的画面，而是一种流淌的源源不断的中国优秀传统文化元素，这种元素是鲜润润的，是热腾腾的，是会说话的，是会光彩照人的，最终会是一系列温暖并觉悟人类心灵的文艺元素。

念着光阴之美，便是心中有灯，暖着我们的一生。

（作者系扬州作家。）

半练湖光半水湄
——赏萧平先生国画《高邮湖之晨》后配诗

向　翔

　　一片水追赶着生命，一船湖光，在碧天相连的水色里溯游。

　　一波一波的浪，风吹起的云水谣，倚着船行，跟着舵走。长篙拎起又放下，跌落了多少晶莹凝成的珠。

　　薄雾轻颤的滩沙，浪围着的草色青衣，纷飞的鸟，缤纷的苇雪，像泊在湖上的画，素面朝天，在水中央。

高邮湖之晨

云朵光影落在了波心，有潋滟夺目的练舞，低飞掠过的翱翔。一群鹭鸟正追逐着帆影，看远行的方向，点点活着的风景。

长篙起水，溯向远方的湖，有丛生的绿肥红瘦，渐行渐近地走来，这才是活水滋生的繁茂，朵朵盛放的莲花，片片如伞的叶荷。

树在岸边吐纳星辰，把灵魂典当给了活着的水，有风频过柳，有雨挂流苏。看淡了潮起与潮落，构思一幅幅移动的画，轻拂尘世，迎接帆影里的黎明。

绝不止是隽美的景，渔人们就在这片的湖上，一网网地捕捞他们的生活，每一条鱼、每一只虾尽是幸福与安详，让生命融进每一朵浪花，把繁衍盈上满满的湖水。

这才是湖上江南，夏至里的鱼戏浮萍，一湖盛满季节的风情，撩动日子的火热，把湖光、水色、墙影、网撒诗意成真，装进期许中的田田莲莲。

半阕遥望，半阕牵念，半练湖光漫遍湖水，与晨气相约。

（作者系散文诗人。）

萧平：抱朴守中的传统捍卫者

李蓉君

引 子

2009年11月21日，于扬州鉴真图书馆举行的一场文化讲座和一场中国画展，让著名书画家、学者萧平先生再次回到了故乡扬州，也让对他熟稔而亲近的扬州人再次领略到了萧平先生生动而灵光闪现的艺术情思。

尽管扬州人对萧平先生不陌生，但他言语中对扬州文化的深厚情感，他画作中对平凡生活的诗意表达，还是让人心潮涌起阵阵"走进了"的欣悦和快意。

再次面对萧平其人其画，不禁心生华丽、纷繁、浩大之叹，在其华丽的生命姿态、纷繁的画境面貌、浩大的艺术视野以及清正的文字表达的"逼迫"下，竟让人有些因"无措"而"失语"。因此，我只能试图用浅显朴素的文字引领你浅探这位抱朴守中的传统捍卫者的艺术境界。

"八怪"立根，诗书融会人文精神

有人说萧平是一位"传统捍卫者"，接触过他的人对此一定深信不疑。

他在走上扬州讲坛时的第一句话就是"我是扬州人"，对于祖籍是扬州，但出生于重庆，发展成就于南京的萧平来说，扬州之于他的关系不仅是故乡，更是一个根，一个滋养他艺术之花的文化之根——这就是扬州八怪的艺术传统和文化精神。萧平不仅以这个文化之根为自豪，更是自觉地、牢牢地抓住了它。由此，萧平对扬州八怪进行了系统的研究。于是，将诗书画进一步完美结

萧平于扬州讲坛授课留影

合的扬州八怪，使他得到了对画内画外时空有机结合的艺术手段；托物寓情和关注民生的扬州八怪，也使他获得了抱朴守中的人文情怀；"领异标新"的扬州八怪，更让他坚定了永恒不变的创新信念。

对传统艺术的理解还得益于他对宋元明清各家各派的研究和学习，以及对世界各大博物馆数以十万计的历代名作的广泛阅览。因此，萧平对传统书画艺术中的人文精神也就有了自己的认识——就是"中庸"，就是"从心所欲不逾矩"的一种"度"的体现。他认为这是一切艺术创造必须遵循的一个方法。

万物传情，天人应答元气淋漓

看萧平先生的作品，如果说传统的笔墨语言、传统的文人气质、传统的文化价值构成了他艺术表达深深的底色的话，那么，闪动洋溢在他作品字里行间和造型神态中的，则是他发自身心的浓浓的情。这个情，不仅是表达的激情，尤其动人的更是他对人、对物、对事、对自然万般情状的关爱之情与悲悯之情。

萧平先生的画作洋溢着浓厚的亲情，他用笔墨丹青记录下了孙儿们的成长瞬间，用诗文题跋表达出了对妻子生日的祝福；萧平先生的画作流露着真切的人间情味，他让莲花女的身影融合进了被诗意化了的河塘背景，他让一代宗师齐白石有了身边尊长的亲切与温和，他让舞台上的戏剧活化成生活的一幕；萧平先生的画作荡漾着纯真的自然礼赞，桃红李白，随类赋彩，自然万物，随景幻象，随心添色，决无故作高雅古的生涩；他的画作更包含着一介书生对社会的关怀与体察。在一帧题名为《新世纪的祈盼》的国画小品中，萧平先生有这样的一段题跋："一帧小小的图画，画着并无生命的生命：唐代长沙窑的雏鸽、清朝景德镇的青花娃娃、去岁元宵小玉儿购之于南京夫子庙的并蒂莲花灯。和谐的物象叙述着一个悠久的传统，这是十个世纪的文化承传，十个世纪的沧桑，也不能改变这并无生命的生命和谐。这帧偶然写生的小画，寄托着我莫大的祈盼：愿新世纪带给地球村的是和平幸福的乐章。"

当这种内心与外在应答交感的朴素情绪汇集、奔涌、流泻于笔底纸间时，不论是进行具象的倾诉，还是抽象的宣泄，抑或是以物喻情达意的意象表达，便都氤氲成了淋漓酣畅的元气和韵致。

笔墨立艺，中西相贯异象纷呈

形式多变、面貌多样、异象纷呈，是萧平先生的作品带给观者的又一强烈印象。那些猛一看来不及反应是中国画还是西洋画，是山水画还是风景画，是静物画还是花鸟画，是装饰画还是漫画，是传统还是现代的画作，在第一时间便抓住了人心、俘获了眼球。这是怎样的一种风格，怎样的艺术见解和怎样的实践经历呢？还是让萧平先生来解答吧。他说，"随时随心"是中国文人画的本质，也是扬州八怪的艺术精神，扬州八怪的艺术价值之一，就是突破了文人画以单一物象写心托意的框框，从而题材变得更为宽泛，可以随心而取。还有，古人强调的"读万卷书行万里路"，也是古今不变的学习要求。视野开阔了，题材就多了，题材多了，艺术创作的源泉才不会枯竭。

萧平先生说，他不仅在题材上随心所取，而且在表现形式上也努力做到随心而取。因为，他不仅看过数以万计的名画，也临摹过各种题材和形式的名画，还以大量的写生速写稿打下了坚实的造型基础。

对于如何做好中西、古今相结合的问题，萧平先生认为，只要抓住中国书画的书法用笔这个"骨骼"，就可以任情表达快意挥洒了。当然，在放达自由的同时，他最为强调的还有一点，就是中国的儒家哲学思想——中庸，就是时时以中国写意精神为灵魂的一种创作的尺度。

任情是一种姿态，难为也可为，萧平就是一例。通古今贯中西是一种修养，难为也可为，萧平还是一例。这个根在扬州的画家正为我们步出实践着一条路径。

（作者系《扬州日报》记者、编辑。）

扬州文化的滋养与反哺

李蓉君

扬州之于萧平先生，不仅是其生命源起的"祖籍"，还是他的精神生发的"根脉"。因为扬州有滋养他的扬州八怪艺术传统和文化精神，于是他常常回归故乡，并把毕生所学回馈故乡、反哺故乡。萧平先生究竟来扬州多少趟了，谁都说不清，不过，他在鉴真图书馆、扬州博物馆等扬州众多文化场所举行的讲座、展览等文化艺术活动，却令人记忆犹新。作为扬州日报副刊编辑，我在扬州日报梅岭文化周刊书画版也记录下了萧平先生的几次重要文化活动，如2009年11月21日在扬州鉴真图书馆举行的一场文化讲座和一个中国画展，2015年4月在扬州鉴真学院举办的一场"石涛与扬州"的专题讲座，2019年4月在扬州迎宾馆展出的"扬州书画三百年特展"等。通过各种活动，萧平努力向家乡人解读关于石涛、扬州八怪艺术风格，厘清清代扬州艺术流变过程，宣传清代扬州的艺术地位、影响力及重要价值。

在此，将萧平先生对石涛、扬州八怪及清代扬州三百年艺术流变等相关文化艺术的研究与表达作个集中呈现。

一、石涛，贯联起清代扬州书画艺术全息图

承上，集清初绘画风貌于一身

石涛出生在明清朝代更迭的动荡时代，而这个时期却是中国绘画史上最为亮丽的一页。"这个兵荒马乱的时期，却是艺术繁盛的时期"，萧平解释，中国历史上的艺术家绝大多数都是文化人，仕途顺利时他们信奉儒家，心怀"修齐治

平"的人生抱负与担当，当遇到政治动荡与不安定，他们就认同老庄之隐，将文学和诗书画等艺术作为终身追求。他们在政治上的退，恰恰成就了文学艺术上的进。正因为如此，明末清初的中国画坛"繁花似锦"，发端于董其昌的"娄东画派"和奉黄公望为圭臬的"虞山画派"统领中国画正脉，文人荟萃的南京、扬州和安徽也给"在野派"提供一个个艺术空间。其时，除了"四王"领一时风骚，程邃、龚贤、查士标、戴本孝、梅清等，尤其是石涛、八大山人、髡残及"清初四僧"之一的弘仁更如中国画艺术天空异常璀璨的星星。

因为不同寻常的身世，石涛大半生浪迹江湖，但这也使他领略到了更多的山水气象，尤其学习到了众多名家或流派的艺术精华。

石涛也从董其昌入手，早期从安徽的新安画派中打下了重要的艺术基础。可以看出他早期画的面目与黄山画派梅清有三分相似。石涛四十岁时到南京，在南京长干里住了七八年。其时，石涛与戴本孝接触亲密，并深受其绘画观念的影响。后来，石涛进京，不久，不适帝都生活的他买舟南还，定居扬州。在扬州的十多年，他更是接触了往来其间的各地文化艺术名家。丰富的人生阅历，使石涛具备了最为丰富和全面的绘画技法，并成就了他影响后世的艺术理论。所以，吴冠中作出如此评价："他又是中国传统画论的集大成者。"

突起，得扬州人文成造山之力

"石涛在扬州做了哪些事并没有准确的记载，但是，有文字资料显示，这段时间石涛在扬州创作的作品特别多。这个时期他与查士标、龚贤等一起参加过孔尚任在扬州举行的大型文化集会。"萧平说，康熙时期很多书画名家云集扬州，这给石涛带来很好的交友环境，同时，扬州发达的经济也给石涛带来安定的生活环境。萧平认为，扬州给石涛带来的最大价值是扬州深厚的文化和丰富的名胜，这给他带来了异常丰富的创作题材，从他的作品中可以看到，扬州城从城里到城外，很多地方都留在了他的画里。石涛平生一半的作品都是在扬州完成的。

扬州之于石涛，应该不是作品题材和数量的问题。应该说，石涛在扬州实现了他的艺术蜕变，这可从他著名的《淮扬洁秋图》得到论证。萧平说，石涛是历代画家中技法变化最多的一个。同时，石涛的画也集中呈现着一个时期的艺术特征，比如，在他的画中能看到程邃的翁郁苍润，看到戴本孝的清旷疏秀，看到梅清的雄健秀拔，看到查士标的简淡枯笔。不过，《淮扬洁秋图》让人看到的已然是完全的石涛——破笔纵横，不拖泥带水，出神入化，打破了前人先枯后湿的笔墨程式。《淮扬洁秋图》令傅抱石看后拍案叫绝，大呼"天下第一石涛"。笔墨出入化境，这就是石涛跳出当时众名家独领风骚的原因。

启下，开康乾盛世之扬州风气

潘天寿先生说过，"八大开江西，石溪开金陵，渐江开新安，石涛开扬州"。石涛的"我自用我法"引出康乾盛世扬州画坛新风尚。石涛和扬州八怪究竟有哪些关系？萧平分析："石涛书法有两个特点：一是变化多，早年受董其昌影响，后转向苏东坡，他不追求秀美，而是求丑拙美；二是以画入书。从这两个角度讲，扬州八怪几乎所有人的书法都可以拉入这个范围。如郑板桥的六分半书，将隶书和行草结合在一起。这也是丑拙的审美及带有画的成分，如他一撇就是竹子。还有高翔、李鱓、金农都如此。连内向的汪士慎，也是内敛不将所有的'美'摆在面前。所以书法上，石涛真正影响了扬州八怪。"在绘画上，萧平认为高翔的山水直接从石涛处得来。而扬州八怪中最为纵放的画家李鱓最终也得益于石涛，郑板桥在李鱓一册页中题跋说及他绘画分三个阶段，第一个阶段与宫廷画家蒋廷锡学习，第二阶段在北京与高其佩学，第三个阶段是到扬州看到石涛的画用破笔破墨，因而格外纵放。

除此之外，扬州八怪中其他画家也都或多或少受到石涛的影响。

石涛的艺术余绪更是绵延至今。潘天寿、傅抱石等当代大家无不深受影响。

余韵，中国式的"写生"值得传承

石涛不仅墨好，用笔也很好，石涛的点法尤其有特色，打破了前人作为提醒作用的范式。潘天寿总结石涛的点法，有风雪晴雨点、飞白如烟点、似漆邋遢点、当头泼面点……无论怎样点都很入画，其妙无穷。所以萧平说："石涛艺术遗产是非常丰富的，用之不尽，取之不竭。"

石涛的艺术之于今天依然有着非常的价值。吴冠中先生认为，"石涛是中国现代美术的起点"。石涛有两句话更被当今画坛奉为圭臬，"搜尽奇峰打草稿"和傅抱石先生再三推崇的"笔墨当随时代"。

"现在的绘画整体过于具象，写意的成分越来越少；过于西化，西洋画的写生取代了中国画的写生。"中国画的写生究竟是什么样子？萧平希望今天的画家从石涛的作品中领悟答案。他说："石涛是如何写生如何创作的，这都是我们应该研究的课题。"

二、从"扬州书画三百年"看清代扬州画坛的文化生态和品质

异彩纷呈的扬州书画三百年

问："扬州书画三百年特展"，为什么选清代到民初这个时间段的画家和画作？这样的跨度有什么样的表达意图？

萧平：很多人只知道扬州有扬州八怪，却不知道在扬州八怪前扬州还云集着在全国很有影响的书画家，与"八怪"同时期及之后，扬州还有不少很有实力的书画家。同时，清代扬州画坛汇集着各种艺术流派，呈现着最全面的艺术形式。通过这样的一个跨度，就能全面地看出扬州在清代画坛的地位，以及扬州书画的传承关系及数百年发展流变逻辑。

问：从这三百年中能看到扬州书画创作有什么规律？为什么要分"前八怪时期""后八怪时期"？各个时期各有什么特点？

萧平：人们都知道扬州八怪以革故鼎新的精神影响后世，其实，具有革新特色的书画家在扬州八怪之前就出现了，这些书画家最喜欢在三个城市，扬州、南京和新安。南京的代表人物有石溪、龚贤等，扬州即以石涛为代表，他们相互

往来，有着与"四王吴恽"完全不同的绘画风格。其中，石涛对扬州八怪的艺术个性的形成影响巨大。如果以扬州八怪为坐标，我将这三百年分为"前八怪时期""扬州八怪时期"和"后八怪时期"。

"前八怪时期"，扬州云集着各种风格流派的画家。

其一，扬州是遗民画家不忘的地方，程邃、查士标、龚贤等常往来于此。还有石涛，晚年石涛定居于扬州。当然，石涛算不得是遗民。遗民画家的一个特点就是重文人趣味。

其二，肖像画是扬州的贡献和亮点。禹之鼎肖像独步天下无敌手，其画带有凹凸感，形象逼真生动，如他为娄东派代表画家王原祁写真的《王原祁艺菊图》，又高雅又传神，因此天下名人都想请他画像。其时，扬州肖像画家还有丁皋，丁氏家族都以画肖像画为专长。

其三，宫廷画家及工致画风的画家也是扬州画坛重要的一部分。其中有几个重要人物，李寅、王云、萧晨，他们一致之处是很严谨。

李寅，是位很特别的画家，他善用宋人皴法画山水，又变革了北派画法，渗进了文人画的意味。绢本绘画有宋画韵味，纸本绘画得元人笔意，下笔雄浑。李寅的学生有颜峄和萧晨。李寅最大的贡献就是开启了袁江、袁耀的界画，袁江、袁耀的楼阁界画风靡全国。

王云，是早期被宋荦推举进入清宫的扬州画家之一，与王石谷一起参加过《康熙南巡图》的创作，王云的山水画一定程度上受到王石谷的影响。他长于青绿山水，擅画亭台楼阁，也会画花鸟，可以算是当时扬州画坛的佼佼者。

萧晨，画人物和山水。他的山水画带有宋代院体画的特点和格局，但更多带有文人的意识和意蕴。据记载，他的诗写得很好，内容和韵味也都很有文人气息。

文人画、院体画、肖像画、界画等异彩纷呈，"前八怪时期"，创造了三百年的第一次辉煌。

关于扬州八怪，在此我们就不多作介绍了。不过，到"八怪"时期我们就可以看出来，真正对扬州产生大影响的是石涛。扬州八怪中主要画家的绘画风格源自石涛。当然这个时期艺术面貌不是单一的，各家艺术吸收和取法也呈现多样性，因而面貌也很丰富。有一个现象很奇特，与扬州八怪同时，有个名家叫方士庶，他是娄东派再传弟子，他用墨偏多的画风，也受扬州消费者的喜爱，这说明当时扬州画坛很包容。

扬州八怪时期，扬州书画艺术的繁荣，是因为石涛的绘画不仅仅影响着十五位主要画家，同时还影响着很多人，如癫道人，书法诗书都很怪，他对扬州八怪也有影响。癫道人的画对日本南画的形成也起了重要作用。日本南画泰斗富冈铁斋的画风就受癫道人的影响。如这次展览中出现的陈馥，他画的就跟李方膺很像，还有罗聘的夫人方婉仪，也画得很好。如果说扬州八怪可以算是一个画派的话，这些人都应该划进去。他们共同成就着清代扬州的艺术地位。

"后八怪时期"，每一阶段都有闪光点，所以这个时期不能忽略。

画僧，是扬州特别的一个艺术群体。这次"扬州书画三百年特展"展出了石庄和方华两位画僧的画，画史记载石庄跟查士标学过画，《扬州画舫录》中记载他是扬州桃花庵的住持，培养了不少画画的学生。还有一位比较有名的画僧就是莲溪。

"八怪"后期有一些很突出的人。人们常常提到的有"扬州十小""邗上五朱"，还有两个很突出的人，就是虞蟾和陈崇光师徒。虞蟾是太平天国时期画壁画的主力和重要人物。陈崇光的人物、山水画得都很好，人物画取法陈老莲，花鸟从华新罗脱胎而出，山水画带有石涛的味道，也有王原祁的影子。黄宾虹对陈崇光评价很高，吴昌硕也赞赏他以草意入画，他的成就之高可见一斑。

"八怪"以后，华喦的影响力非常大。受其影响显著的就是王小梅、魏畹（小眠）。为什么呢？华喦虽是工匠出身，但他是扬州八怪中最全能的一位画家，山水、人物、花鸟，以及草虫、走兽，无一不画。另外，他创造了一种很少见的笔法，棉里裹针。不是直接的雄强、刚性，是包裹在棉花里的针，笔锋的运用更是妙不可言，鸟虫描绘极其传神，所以赢得后世花鸟画家的推崇。

乾隆以后，除了虞蟾和陈崇光，扬州画坛整体气局变小了，竭力挥洒的人不见了，因而这样的画市场也不接受了。

全民崇文的风尚成就扬州烂漫艺术

问：从策展人角度来看，萧老师您在"扬州书画三百年特展"中是想重点突出石涛吗？您怎样看石涛的价值和意义？

萧平：是的，因为在这些人中以石涛最具革新精神，他半生浪迹江湖，过着苦行僧的生活，他面貌的初成是在黄山，跟梅清等新安派画家都有密切的关系。最后定居扬州是石涛绘画最为成熟的时期，既有对文人画思想的全面继承和变化，又有对生活的体验，所以他的绘画贴近生活，很接地气，面貌卓然独立，自成一家。他把扬州的地貌表现得非常出色，《淮扬洁秋图》就是典型。石涛的实践和理论，孕育了扬州人对文人艺术的审美情致，促成了扬州八怪划时代的辉煌。石涛对扬州八怪的影响不仅在于艺术，他还为后来的画家培育了特定的扬州艺术市场。

问：又有人说，石涛和扬州八怪的画很少能进入宫廷被皇家宫廷收藏。既然不入流，为什么他们却在盐商及市民阶层中大受欢迎呢？

萧平：民间和宫廷收藏方向和趣味一直是不一样的，是双向的，并不交叉。偶尔有交叉，宫廷画家的画并不在民间作大的流传。石涛和扬州八怪的画能在扬州盛行，这跟扬州人偏向文人画的审美习惯有关。扬州人的审美又为什么偏向文人画呢？一方面，跟石涛在扬州的艺术引导大有关系。石涛在扬州以画谋生，石涛的画改变了明末清初以前文人画先淡后深、先枯后湿的画风，经石涛改造过的文人画使盐商接受、适应了市民审美。资本主义萌芽阶段，市民审美阶层出现了。另一方面，石涛、扬州八怪所在时期，崇尚读书、敬畏文化的徽商取代了晋商，以扬州马氏兄弟为代表的二代盐商就是文人。他们一改之前商人喜欢描绘精细、色彩浓重的审美习惯，反而个性舒张的文人画备受青睐。

更重要的是，康熙以后扬州的几个官员，如周亮工、曹寅、王士祯、孔尚任、卢雅雨等都是大文人，这些文化官员在扬州主持和倡导了很多文化盛事。当然，这也跟郑板桥的不羁、金农字里行间的机趣等各具风采的文化个性有关，扬州八怪自身就产生了独具魅力的影响。

芳菲四季　香风十里

——读《萧平先生花鸟画集》札记

青　燕

　　深秋的某个周日下午四点，我去芒稻河畔赴一场花事之约。那日晴好，夕阳如血，大片芦花在秋日暖阳中摇曳，它们雪一样覆了芒稻河岸，一叶小舟静泊在芦苇深处，蓝色的船身在雪白的苇花中若隐若现，我独自静坐在河岸边，看着这一幅自然赐予的"苇岸"，恨不能生有一双妙笔丹青之手，将之绘于纸上。

　　这个冬天与书画结了个缘。因友人引荐，有幸在富春与来自金陵的著名书画家、书画鉴赏家萧平先生有一席之缘。宴毕，先生与我聊书画，聊扬州，聊广陵，先生年届八十，谈吐温文尔雅，思维清晰，言谈中无不透露出对绘画艺术的执着和对祖籍扬州的深深眷恋。

　　幼年随父母生长在重庆，十岁回金陵定居，对于并无扬州市井生活经历的萧平先生来说，祖籍扬州是根植于他内心的原乡。扬州情结一直牵引着他的青年时代，重又踏上返乡之路。萧平先生说，每次当他穿行在天宁门街、个园、东关街、东圈门……他就从纵横的巷陌中，触摸到了扬州的文化肌理。扬州古城厚重的历史文化底蕴，扬州历代文人的风度气韵，是濡养他一生执着于文化艺术的圣地。

　　二十世纪六七十年代，物质生活极其贫乏。扬州老一辈文化人如桑宝松、王板哉、魏之祯、孙龙父、李圣和等在工作之余，常聚在一起交流切磋书画艺术作品，他们用对艺术的执着，引领扬州文艺界的青年后学在艺术的道路上勤学深耕。萧平先生说，他就是其中的受益人之一。他记忆犹新，每自金陵来广陵，下榻的第一站就是桑宝松先生的"半亩园"，与桑先生品茗聊叙后，桑先生就用他的"二八大杠"载着他穿行在广陵古城的街头巷陌，同去赴扬州文艺界一场场"虹桥修禊"。萧平先生如今忆起当初"虹桥修禊"情景，言谈中无不流露出对故人和昔日情景的深切怀念。萧平先生说，正是当初扬州文人对艺术的执着坚守，吸引着青年时代的萧平一次次踏上返乡之路，勾连起他毕生对扬州的情思。正是在扬州老一辈文人身上，在"小梧桐馆""半亩园"里，萧平先生耳濡目染了扬州老一辈文人的清芬之气。青年萧平，素年锦时，寒夜弄墨彩，留得玉莲香。萧平先生自此便如金庸笔下的剑客，怀揣一支画笔，出广陵到金陵，意气风发地走向全国，走向世界。

如今的萧平先生，在书画鉴赏和书画艺术界，无疑已经修炼成了"鉴千年之书画，集众长归自我"的大家。有幸于一个冬日的午后，沐浴着暖阳，捧读萧平先生赠予的一套画册，人物、山水、花鸟、书法，便觉似又一次与萧平先生长谈。

先生画花，画玉兰、画琼花、画梅花，但画得最多的是荷花。他画朝雾荷池，一只水鸟静立于泼墨晕染的田田荷叶之上，几笔勾勒的写意线条看似凌乱，实则微妙灵动，构筑了一幅有别于陈白阳、八大山人、石涛和吴昌硕的样式，这大概是属于萧平先生的独特的光与影的自然世界，更是他的艺术世界。他的自然世界构筑于清梦、晓雾，波面出仙妆、万类霜天竞自由的艺术世界。

他的花鸟世界是在博采前人经验，不断修正完善自我，不懈体察世情之繁和感悟自然之美之后的"采儒墨之善，撮名法之要"的"萧平样式"。读萧平先生的花鸟画，乍一看似平常，不露锋芒，稍一细心阅读，仔细琢磨、推敲，便在其独特的光影间，发现其独特的表达方式，不凡的艺术功力和深厚的艺术学养。不同的角度，不同的距离，不同的季节，他赋予花鸟虫鱼独特的光影与身姿。文如其人，画如其人，在我与萧平先生有限的接触中，画作儒雅、平实、柔和的线条，正是先生博古通今、温文尔雅的真实写照。

萧平先生爱莲，画室名从"朝华馆"易为"爱莲居"。先生画物喻人，激励自己在艺术的名利场上淡泊名利、不傍不倚，用毕生的学养去追求艺术的真、善、美的意象。他深知，属于自己的独特"样式"，无需刻意追求，生活经验的积累，艺术修养的提高，正是他一年年勤劳栽种的春光，属于他的那条"天光云影共徘徊"的花径自然会到来。

如今，这条花径来了，芳菲四季，香风十里。

（作者系青年作家。）

艺海高士 桑梓情浓
——萧平与扬州

吴 娟

　　"生于山城、长于石城"的他却常自称"我是扬州人"。因为扬州是他的
祖辈、父辈世居的地方，是他一生最钟爱的石涛的终老地、扬州八怪的诞生地，
是他艺术之根的滋养地。

　　他，就是在海内外都有一定影响的我国著名书画家、美术史论家和书画鉴
定家、收藏家——萧平。

　　不可否认，无论是在当下的书画界，还是鉴藏界、史论界，都有许多在各
自的领域成就斐然、出类拔萃的人物，但是如萧平这样打通三界且皆有建树，在
海内外皆有影响的，则非常少见。更令人觉得难能可贵的是，在萧平先生——这
位已年近八旬、成就斐然的名家前辈身上，你不仅看不到半点的名家才子的骄狂
之气，反而会感到他儒雅的外表下散发出的一种令人如沐春风般的温和与亲切。
我想，所谓的"君子温润如玉"，当就是指的萧先生这样的吧。

扬州聋哑学校孩子们的"萧爷爷"

　　萧平的祖辈、父辈都是地道扬州人，祖父萧子贞堪称是一位时尚人士，不
仅是扬州最早剪辫子人士之一，从事的也是当时非常新潮的邮电业；父亲萧鼎
咸，虽子承父业，但却写得一手好字，于书画艺术之道精研颇深。如果说，祖
父和父亲给萧平注入了探寻艺术美的基因的话，那么，萧平的母亲——一个朴
实善良的安徽女子，则给萧平从小就播下了善的种子。从2005年起至今，萧平

与扬州特殊教育学校已结缘了近二十年。2004年，萧平第一次走进了当时还叫"扬州市聋哑学校"的特殊教育学校校园。"我第一次走进这所学校，石子铺的跑道，很简朴的教室，简陋的办学条件，触痛了我的心。"萧平回忆道，"虽然他们生来有残缺，但他们在接受教育的同时，努力学得一门技艺，为自己将来能够自立于社会而拼搏，这种自立自强的精神感动了我"。2005年，由萧平"牵线搭桥"，香港教育慈善家李元骏先生和林建华女士出资30万元，在这所学校设立了为期10年的"李元骏、林建华奖助学金"。2006年，萧平自己出资在该校设立了"萧平艺术奖"，目的是帮助有艺术天赋以及对艺术有兴趣的残疾学生学习艺术。并且，从那年开始，"扬州特殊教育学校"的孩子们就成为了萧平的牵挂，每到岁末年初，他必定要专程来扬，看望师生。大雪弥漫的那一年，他担心家境贫寒的孩子们衣被单薄，发动全家人开着三辆汽车，装满新棉衣、新棉被，送到学校分发给那些贫困的学生。一年年，一次次的真切关爱，萧平成了孩子们心目中那个最和蔼可亲的"萧爷爷"。

扬州赋予他书画艺术的基因与滋养

"对于书画的爱好，似乎是与生俱来的。很小的时候，便倾心于此，那是父母后来告诉我的。"对于自己书画的缘起，萧平回忆道。当年居住在扬州东关街的萧鼎咸虽然承继的是父亲的邮电业，但却是一位地道的文艺青年，不仅有着深厚的书法功底，对书画的鉴藏亦具相当功力。"少时的我，时常为他抻纸、磨墨，看他作书，那有力的线条、抑扬顿挫的节奏，都给我留下了难以忘却的印象。至今想起，依然激荡于心。"而一方"清湘麓台戈父同为壬午生人"印则可看做是萧平对自己的一生与书画结缘做出的一个另类解读，"我是1942年出生的，属壬午生人，而开扬州八怪的一代宗师石涛（清湘老人）则出生在1642年，亦是壬午生人，比我大了整整300岁。还有清'四王'之一的王原祁（麓台）也是壬午生人。这或许是一种巧合，也或许是一种冥冥之中的天注定，这辈子，我不仅和扬州的缘分、情感很深，与石涛、八怪也可以说是结下了终生不解之缘。"

随着抗战的全面爆发，萧鼎咸随单位从扬州迁往了重庆工作。1942年，萧平出生了，同天下父母一样，看着这个诞生在兵荒马乱中的儿子，萧鼎咸最期望的是他能够平安健康长大，平平安安度过一生就好，所以给孩子起名"平"。他没有想到，这个孩子不仅平安健康长大了，并且还成为一个在全国书画界，甚至是海外都有一定影响的书画家、书画鉴藏家和美术史论家。"扬州是我的祖籍地，不仅我的父辈、祖辈生活在这里，我的弟弟萧和也在扬州生活工作了很长时间。从我的祖辈起就与扬州的书画家常来常往，而我自己与扬州的书画同道们的交往亦有半个世纪之久。所以，我与扬州书画界的缘分是很深的。"谈起扬州，萧平总是情真意切。

与扬州三代书画家结下了深情厚谊

除了从祖辈与父辈那里得到了许多关于扬州的记忆外，萧平自己与扬州的真正结缘始于上世纪60年代初，那年他21岁，初踏扬州则是为了一场书画展。那次萧平与著名书画鉴定家徐沄秋应扬州博物馆的邀请，来扬州观看在何园展出的书画收藏家梁典成先生收藏展。正是在这次书画展上，萧平与扬州书画界结下了长达半个多世纪的情缘。此后，萧平又多次随书画鉴定泰斗徐邦达来扬州参加相关的鉴定活动。扬州的文博场所、大街小巷，处处留下他求知脚印的同时，也写满了他与扬州三代书画家的深情厚谊。

萧平清晰记得，1988年，他首次在家乡举办个人书画展时的情形。开幕式那天，天公不作美，下起倾盆大雨，但就在他担心的时候，在如瀑的雨帘中，王板哉、李圣和、李亚如、魏之祯、吴砚耕等扬州画坛名宿竟一一来到了现场，亲临祝贺。时任扬州国画院院长的李亚如还为画展题诗一首："淋漓奔放创神奇，笔底纵横出化机。自有心胸生妙趣，盛年佳作誉交驰。"扬州人都知道魏之祯先生的书法、诗词好，脾气却比较耿直。但只要是萧平来访，魏老都会亲自去菜场买来鲜虾剥制虾仁，作清炒虾仁招待萧平。极为欣赏萧平的魏老也曾为萧平赋诗一首："文采风流萧伯子，丰神不减少年时。未生白发先辞酒，才近中年便入诗。谈艺屡惊海客座，画山能发叔明奇。楼头夜半琴声起，知是抛书倦眼迷。"扬州书画前辈和同道对萧平的真情，使萧平深切感受到了家乡人对他的厚爱。

这份厚爱与真情不仅体现在萧平与扬州画坛前辈的日常交往与诗书唱和中，也体现在他为扬州书画家的画集、展览题签、作序中；体现在得知王板哉先生去世的消息时，他为先生作古风长诗；体现在魏之祯先生离世时，他带着恰巧远道来访的美国朋友赶到扬州吊唁；体现在桑愉先生80诞辰纪念时，他为其精心创作的《松石图》；体现在1989年，扬州画坛诸友为许从慎筹办遗作展缺少经费时，他为之筹集经费创作的《荷花图》《米颠拜石图》；体现在2014年，他为家乡媒体助学慈善活动捐赠四尺作品；体现在2020年，他冒着高温来到《扬州晚报》、扬州发布书画名家大讲堂为书画家们开设的主题讲座中；体现在他在2021年春寒料峭时，专程从南京赶来参加扬州百花女子画院的院庆十周年展……

数十年如一日不遗余力推介宣传扬州优秀的书画艺术

不管是短暂停留，还是盘桓数日，每一次来扬，萧平仿佛都有不同的"使命"在身：鉴定书画、开设讲座、参观书画展、参加学术交流活动等等。扬州建城2500年庆典时，故宫、上博、南博及扬州博物馆联袂举办"扬州八怪作品展"，他又应邀为展览专门开设讲座，并参加相关学术研讨。同年，他主持策划，联手保利艺术博物馆在北京举行"丹青纵横——扬州八怪私家收藏展"及研讨会，以此作为对家乡建城2500年庆典的贺礼……还有，只要是他在南京接待的中外友人，他都不忘安排客人到一次扬州。凡此种种，都可见他对家乡的真挚情感、对家乡优秀传统书画艺术不遗余力地宣传与推广！

对于扬州绘画史的研究，一直以来，萧平都有一个心愿，那就是将扬州书画近三百年来的这段历史好好梳理整理出来，将扬州书画三百年中的优秀书画家的作品能够比较全面地搜集整理呈现出来。2019年4月3日，经过萧平先生长期不懈的努力，"扬州书画三百年特展暨国际学术研讨会"终于在扬州迎宾馆举行。这次展览展出了百余件扬州画坛三百年间代表人物的精品力作，其中有部分重要作品都是萧平先生以一己之力和国内外的相关藏家一一借展而来。不仅如此，萧平先生还邀请了国内外研究扬州八怪、研究扬州画派、研究中国书画史的著名专家学者来扬，举办了为期两天的相关学术研讨。而这次的"扬州书画三百年特展暨学术研讨会"活动可以说造成了轰动效应，不仅扬州大市范围内的书画家与书画爱好者以及普通市民观者如潮，且周边地区包括外省市，都有很多书画家与爱好者专程来扬观摩、研读，参观人数之多，最终也创了扬州书画展有史以来的最高记录。

作为那次特展活动的主要策划者、组织者和学术主持人，萧平先生曾深情地说道："作为扬州人文重要部分的书画艺术，近三百年间不乏灿烂，名家辈出，佳作累累。三百年的画坛遗痕，留在这百件佳作之中。烟花三月下扬州，下扬州看似锦繁花，看如画烟景，更要认知扬州的历史，感受扬州的人文。"

林散之先生曾有联云："不俗真君子；多情乃佛心。"萧平先生无疑是多情的，这种多情无时无刻体现在他对书画艺术的执着与热爱中，体现在他对师友家人的细心关怀中，体现在他对家乡扬州的深厚情感中！情到深处无需言。家乡父老对萧平先生的万千话语都凝聚成了这一句：祝愿萧平先生的艺术与生命之树长青！欢迎可敬可爱的"萧老师"常回家看看！

（作者系《扬州晚报》编辑。）

爱莲清芬濯尘氛　八怪流韵惠古今

——近访书画家、书画鉴定家萧平先生

倪　越

庚寅初夏的一个午后，细雨绵绵地下着，浸润着整个南京古城，也浸润着人的肺腑，与爱莲居主人戈父萧平相约已久的一次会面，被这场绵密清润的夏雨烘染得更有情味。这是一次缘于清代扬州画派的专访。

今年三月下旬接清代扬州画派研究会贺万里会长电话，说是为纪念清代扬州画派研究会成立三十周年，要出一本纪念文集，将集中汇集与画派研究有关系的全国书画名家、理论家、鉴定家的专题文章，交给我的任务是撰写一篇"萧平与清代扬州画派的关系"，并搜集其相关研究代表作三篇。说来也巧，去年乡贤金实秋（高邮籍学者、楹联专家），就曾约我为其好友萧平写篇文字，并给我提供了联系方法，于是给萧先生发了一个短信，简要自我介绍并说明事情原委，当晚就接到萧先生的电话，近半个小时的通话犹不能道清萧先生与清代扬州画派渊源已久的联系，萧先生说是最好能去趟南京，他能给我提供一些资料，更便于详尽面谈。

五月二十一日下午，在密雨中穿过林阴掩映的小区庭园，拾级进入爱莲居，主人的平和爽朗，居室的幽韵古香，让人一下子就沉浸于超脱现实尘俗的典雅氛围中。入座品茗，娓娓清谈，不知不觉中，进入了一段令人神往的历史，其中有兴奋，亦有叹惋，有激扬，亦有沉思。

萧平先生出生于山城重庆，久居于六朝古都南京，可是童年一段游戏于扬州街巷的短暂光阴，祖辈在扬城的交游佳话，以及自幼对扬州八怪的崇敬向往，

却把他的根系牢牢地扎在扬州这块充满神奇魅力的土地上，且随着岁月的推衍，愈扎愈深，可资吸吮的营养亦源源不竭。

萧平先生的先人世居扬州，而能给他留下印象的则是他祖父萧子贞先生与当时扬州文化人的广泛接触，与深厚情谊。幼年的他除了东关街、东圈门游玩嬉闹的无穷乐趣外，亦早早萌生了对文化、对书画的憧憬与慕恋。至今他还收藏着陈含光、吴笠仙、李圣和等扬州名家赠给祖父的画扇，以及蔡易庵为父亲篆刻的石印。中学时期，他曾临摹过吴笠仙画的菊花，那种清新雅艳的画风，曾让他着迷。因为祖父的关系，暮年的李圣和对年轻的萧平一见如故，回忆早年谒见其祖父及书画酬答的往事，并作诗相赠："父执昔时曾奉谒，孙枝今日又相陪。十年始识通家好，三绝争传盖世才。艺苑二难堪比美，海天万里看腾飞。嗟余白发垂垂老，更为开怀进一杯。"书香门第世交之情溢于言表。

上世纪六十年代初，萧平进入江苏省国画院学习，毕业后任职于南京博物院，从事古书画鉴定工作。1964年前后，扬州博物馆接受扬州旧藏家捐赠在何园展示，邀请萧平先生参与鉴定，这是他离开扬州多年后，第一次回到扬州，一连数日，不但看到了扬州八怪的许多真迹，还结识了不少艺坛新朋友。印象最深的是他与扬州篆刻名家桑愉的交往。其时，桑家养着各种珍贵的名品金鱼，家中的陈设氛围，使他真切地感受到扬州文化人的生存状态与生活情怀。而最令萧平先生感叹的是桑家珍藏的瘿瓢遗物，使他早早结下了与扬州八怪的不解之缘。当他后来在郑逸梅的文章中读到瘿瓢遗物的记述时，全如述及自家事，感喟神往，唏嘘咏叹，其情其景感人至深。此后他到扬州的机会渐多，接触扬州八怪及扬州画派其他成员书画作品的机会也多了起来，看作品、抚遗物、访遗迹……再加上南京博物院本身就有很多扬州八怪的书画藏品，无形中为他的研究鉴定工作确立了一个方向，渐渐地对八怪及整个扬州画派书画艺术作品的研究与鉴定成了他的强项，无论是关于人物生平，还是技法解析，他都写过不少文字。直到1981年以前，萧平对扬州画派的研究都偏重于考证鉴定。此后他从博物院调到省国画院工作，随着他个人对扬州画派书画作品收藏的日益增多，他对扬州画派研究的方法特点也渐渐地发生了变化。

1988年，萧平第一次在扬州举办了他的个人画展，展览现场人山人海，盛况空前。扬城的名宿耆老王板哉、魏之祯、李圣和、吴砚耕、李亚如等都亲临开幕现场，给予很高的评价。魏老即兴赋诗云："文采风流萧伯子，丰神不减少年时。未生白发先辞酒，才近中年便入诗。谈艺屡惊海客座，画山能发叔明奇。楼头夜半琴声起，知是抛书倦眼迷。"当时的扬州国画院李亚如院长也特为展览作了一首七绝："淋漓奔放创神奇，笔底纵横出化机。自有心胸生妙趣，盛年佳作誉交驰。"扬州书画前辈和同道的热情，使萧平深切地感受到了家乡人对他的厚爱，更加坚定了他要继承和发扬扬州画派优良传统，并为扬州画派研究工作多作贡献的信念。自此，他对扬州八怪及扬州画派的研究鉴定工作，进入了一个集历史考据、实物收藏、书画创作、借古开今、以今证古的全方位、立体化的阶段。

萧平先生大胆拓宽思路，为自己确立了不同以往的研究重点：一是跳出传统的扬州八怪"八人""十五人"之争，大大扩展其外延，从时间上追溯至明朝青藤、白阳画风变革对八怪形成的启蒙作用，向下推衍至民国甚至新中国成立后八怪流风所及的缶庐、白石等人，以揭示阐发扬州画派的影响；在空间上突破"扬州"这一单纯地理概念的局限，从文化的视角来观照扬州画派的影响及范围，以扬州为中心扩展至江苏、浙江、安徽、山东甚至更广的范围（如黄慎，对台湾画坛影响甚大）。这两点突破大大地拓宽了研究视野，为更深更广地研究扬州画派及其影响开掘了更为丰厚的资源。二是一变以往停留于既有文本、陈陈相因的研究定势，转换新的研究角度，即重视实物的搜集和新证的发现，重视作品真伪的鉴别研究，为扬州画派研究不断有新的发现与拓展提供了可能。

多年来对扬州画派这一提法一直存在着分歧与争论。反对者认为扬州画派所笼括的画家，没有同一个师承取法的对象，不像吴门画派、娄东画派、虞山画派等各有共同的宗师，而萧平先生则认为应当以开放的、世界的眼光来看待扬州画派，这些画家都相对集中于一个时期，活动于一个地区，有共同的旨趣与艺术追求，都同时重视诗、文、书、画、印的合体融汇，又都品行高洁、关注民生，与当时的文坛及书画主流拉开了距离，为前人所不为，画士夫所不画，果蔬野味、贩夫走卒皆可入画，有生活、富意趣，无论题材内容还是风格面貌都较前人与时风有很大的突破，化俗为雅，点石成金。萧先生有一个独到的论断可以充分概括扬州画派的特点，即扬州画派是传统"文人画的还俗"，是"文人画的变革和普及"，真可谓一语道破天机，真知者之言也。同时他还从艺术史的发展规律、社会经济的发展状况、政治文化的因素等各个方面，来探寻分析扬州画派产生与发展的深层次原因。

长期以来，萧平先生一直把对扬州八怪及整个扬州画派的研究鉴定工作作为他书画鉴定整体工作中一个突出的重点，在业界产生了巨大影响，几乎形成了八怪或扬派字画一经萧氏品题便身价倍增的局面。近年来八怪及扬州画派其他画家作品拍卖价格屡创新高，影响力不断扩大，地位不断提升，这些都离不开萧平先生多年来为扬州画派所作的研究推广之功。

作为根在扬州的书画家、鉴定家、史论家，萧平先生始终把对扬州画派的研究弘扬作为自己毕生的使命，努力开掘扬州画派的历史资源，钩玄索隐、刮垢磨光，让人们的目光不再仅仅停留在史有定论的八人或十五家，努力去发现和关注同属一个风格派系却被世人忽视的其他画家，他们或因性别差异如罗聘夫人方婉仪，或因身属他乡如南通的丁有煜（个道人）、浙江人朱乔（公放），或因生隔异代如民国的王甄（陶民）……未能引起时人或后世的足够关注和重视，他们都秉承八怪风神，艺术水准相当，风格面貌相类，有充分的理由成为扬州画派的代表。萧平先生以开放的胸怀、高远的眼光，把这些继踵八怪的画家大胆纳入扬州画派的范畴来加以研究，让人们清晰看到扬州画派对当时的社会文化艺术，及后世艺术发展的影响，填补了历史的空白。

在对扬州画派的研究过程中，萧平先生不满足于间接资料的参考，他十分重视实物资料的占有，为此用自己的积蓄购藏一些并不被藏家看好的扬派画家作品，作为扬州画派研究的实证资料。经过多年的积累，亦已形成了一个难得的收藏体系，为他本人，亦为其他扬州画派研究者提供了集中系统的一手资料，可谓功德无量。

"鉴者不画，画者不鉴"，似乎成了业界的一个铁律，但萧平也似乎天生就是做什么事都要创新突破，不主故常，他最初学画却做了鉴定，从事鉴定却不弃书画。直接的书画创作实践为萧平先生对扬州画派的研究工作，带来了一个其他研究者难得的优势，对笔墨的直观体认、亲手操习，使他对扬州画派笔墨系统有着敏锐而深刻的认识。同时，也自然而然地把研究工作应用到对创作实践的指导上来，不仅使自己受益，同时又努力施惠于子弟、同道，产生更大的社会效益。萧平先生意味深长地对古今扬州画派的影响作了一番比较，简析了个中缘由，寄寓了他对家乡的深厚感情，对家乡文化曾经的辉煌充满了骄傲与自豪，同时也对扬州画派未来的影响与发展充满了期待与希望。

窗外的雨声，沙沙地自浓荫密叶上传进屋内，轻柔温润，一时间竟分不清屋外的雨声与屋内的语声，起身告辞时才感觉到萧平先生对家乡的浓情厚意，为这场午后的绵绵密雨更增添了一份特别的情致，这场雨真好。

庚寅夏至于野渡横舟之庐

（作者系书画评论家。）

天宁门街的"桑宅雅集"

慕相中

谈到与扬州的情缘，萧平先生曾说："我祖籍扬州，虽生于重庆，却总是把扬州视为故乡的。故乡并没有我儿时的记忆，也缺少风土人情的体验，在我心目中活跃着的，是一条隐约却又清晰的人文风景线。孙龙父、桑宝松、王板哉、魏之祯、李圣和……多少年来，这些名字成了我对于家乡的牵挂，维系着我与家乡绵绵不尽的情思。"

上文中的桑宝松（1929—1979），名愉，字保松，又作宝松，号阿松、无咎、若木、吾久等，江苏扬州人。桑宝松一生酷爱金石篆刻，治印逾千方，是扬州印坛的杰出代表人物之一，他与罗叔子、孙龙父合称为江苏"印坛三宿"。

坐落在天宁门街20号的半亩园是桑愉先生的故居。"桑愉先生在世时，我每次来扬州，第一站就是天宁门街上的半亩园，这里是扬州书画家的圣地。"萧平先生说，那个时候，无论是扬州本地的还是外地来扬的书画家和爱好者，有两处地方必去，一处是贤良街上的孙龙父先生的"小梧桐馆"，另一处就是天宁门街上的桑宝松先生的"半亩园"。因为两位先生，"小梧桐馆"和"半亩园"成为当时扬州的书画雅集之所、文化艺术高地。

桑家祖上业香，在天宁门老宅创立"桑恒顺香号"，也是扬州有名的老字号，主人桑沛霖（桑宝松的祖父）雅好书画，与他常往来的，除了生意上的贸易伙伴，最多的就是文人墨客，题咏香号者众多，如康有为题写的行书"卫生佳品"，海派大家吴昌硕先生题写的篆书"可以清心"，中国近代实业家张謇题写的行楷"似兰斯馨"等。

　　之后到桑绶卿，再到桑宝松，这种文人雅集成为半亩园的日常。民国时期有陈含光、鲍娄先、何其愚、顾伯逵、王启明，新中国成立后有高二适、费新我、林散之、蔡巨川、孙龙父、韩天衡、魏之祯、王板哉等，众多书画爱好者在这里进行艺术交流、切磋，成为扬州艺坛的一段佳话。

　　萧平认识桑宝松先生，还要提起一位"媒人"——书画家许从慎先生。当时许从慎先生到南京办画展。萧平先生与许丛慎先生聊天过程中，了解扬州书画艺术发展的现状，也加深了对蔡巨川、孙龙父、桑愉、王板哉等扬州艺术家的了解。在许丛慎的介绍下，萧平与桑宝松在艺术上有了交集。

　　那段时间，萧平先生亦是半亩园的常客。

　　萧平先生说，桑宝松先生是一位谦和宽厚，富有凝聚力的人。在他身边总围绕着一批书印后学，一些年长的文化界人士也乐与之交游。他的"饮瘿瓢馆"里，经常是高朋满座。特别是"文革"期间，文化一片萧条，人们没有谈艺之所，在桑先生那里可以暂避喧嚣，谈一点想谈的艺文上的赏奇析疑之事。"文革"结束，文艺团体尚未恢复，半亩园成了扬州书画艺术的小"沙龙"，一时颇为热闹。

　　那时候从南京往返扬州，交通还不是很便捷，书信成了他们交流的主要方式。在萧平先生的家中，至今还保留着与桑宝松先生的书信，除了相互问候，更多的是艺术上的交流，如书画收藏、书法治印以及扬州艺坛的动态等。在萧平常用的印章中，就有多方是桑愉先生所治。

　　萧平先生评价，桑宝松先生是一位卓有成就的篆刻家，师承著名篆刻家蔡巨川先生，上溯秦玺汉印，又以"不薄今人爱古人"的胸怀，广涉历代各形制各家各派的篆刻作品，为我所用，变旧求新，形成了他气度雍容、健劲典雅而又富于变化的篆刻风貌，在江苏印坛有着广泛而又深远的影响。

　　2008年春，桑宝松先生诞辰八十周年，江苏省书法家协会、扬州市文联、扬州市文物局、扬州市政协文史委在扬州八怪纪念馆举办"桑愉先生书法篆刻遗作展"。开展前几天，萧平先生在上海开会，回到南京后，花了一天时间，创作了一幅四尺整张《松石图》。为何以松石入画？题画诗是点睛之笔：

宝松邗上居，铿铿金石躯。

风霜八十年，宝松名不虚。

半亩园修缮后，不少新朋老友前往观瞻。2016年，萧平先生来扬，特地再访半亩园，回忆上世纪六七十年代在此经历的往事，历历在目，现场题写"半亩园"，并书联一副：

饮瘿瓢馆，深剜浅刻寻常事；

建宁券室，搜却精灵夸上流。

"饮瘿瓢馆""建宁券室"为桑宝松先生的斋号，"深剜浅刻寻常事""搜却精灵夸上流"是林散之先生赠给桑宝松先生诗中的两句。此联很好地概括了桑宝松先生的一生。

一次与桑宝松先生的儿子桑光泹聊天过程中，萧平先生说，当年桑宝松先生在扬州一所中学工作，按照他在书印艺术上的成就，应该进入书画院工作，在这里有些屈才了。当时，萧平先生找到相关部门，想将桑宝松先生调到南京，安排到江苏省画院工作。始料未及的是，桑宝松先生突然去世，这件事也成了萧平先生心中的遗憾。

桑宝松先生长萧平先生13岁，数年的交往，亦师亦友。当年"桑宅雅集"的情景，如在眼前。与桑家的这份情缘，一直在延续。

2022年5月13日初稿

2022年7月1日修改

（作者系《扬州晚报》编辑。）

萧平作《松石图》

宝松道兄千古

桑苑失英才一朝承泱泱惨憺

白门惊噩耗十载深交久�662洞（）

章槲文学挞原张品宝萧平 敬挽

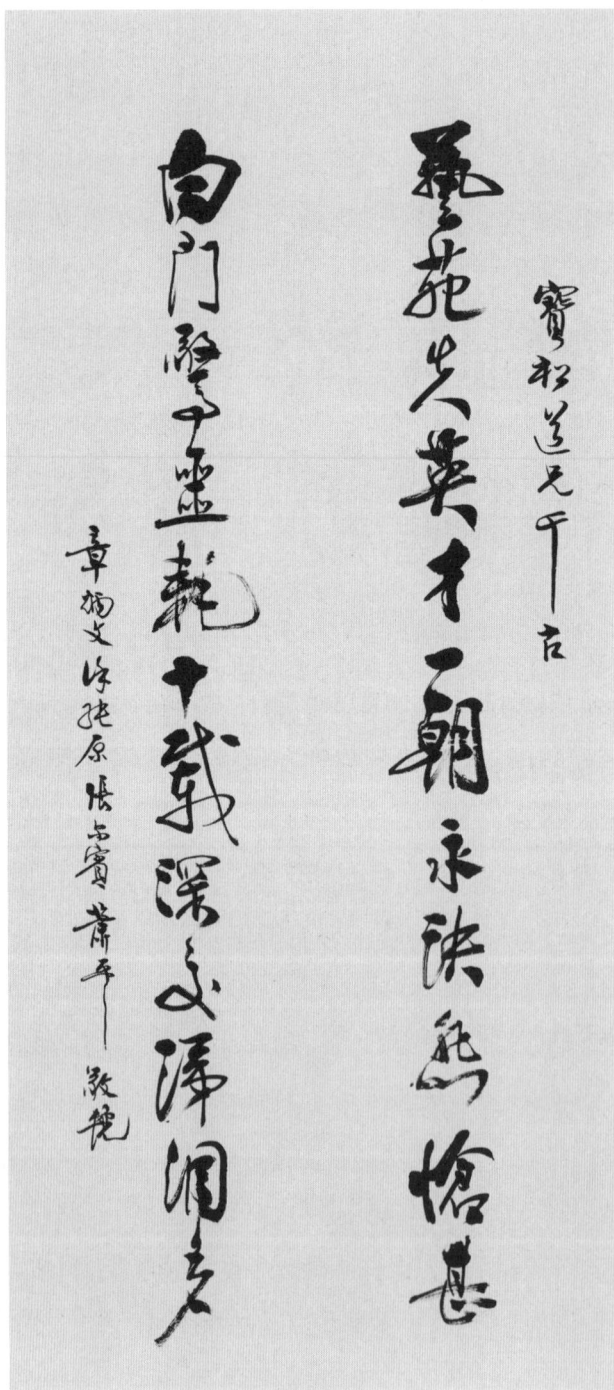

萧平挽桑宝松联

名誉校长萧爷爷

扬州市特殊教育学校

　　萧平先生是一位享誉全国的书画家、鉴赏家、收藏家、史论家，但是很少有人知道，对于扬州市特殊教育学校的师生们，他更是一位慈善家，是扬州特殊教育学校的名誉校长，也是学生们心目中亲切的"萧爷爷"。

缘　起

　　萧平先生和扬州特殊教育学校的情缘，还要从2004年的学校题名说起。经他人引荐，我们学校找到萧平先生，向他介绍了扬州特殊教育学校的具体情况，并请萧平先生为学校题名。在听说了扬州特殊教育学校里有那么多可怜而又坚强的残疾孩子之后，可亲和蔼的萧平先生立马爽快地答应为扬州特殊教育学校题名，并当场决定，亲自赶来扬州特殊教育学校，参加学校的新校名挂牌仪式。在萧平先生的见证下，"扬州市聋哑学校"正式更名为"扬州市特殊教育学校"。从此，萧平先生和扬州市特殊教育学校几十年的情缘以及萧平先生对扬州特殊教育学校源源不断的慈善之举拉开了序幕。

关　爱

　　在详细了解了我校一群残疾孩子的境况之后，萧平先生主动表示想要为我校的残疾孩子做点事。人们都说字如其人，作为书画名家的萧平先生，他俊逸、温和、平实的题字就如他本人，萧平先生用自己的爱心，成就着残疾孩子们的希望。

　　萧老师每一次来扬，不管是短暂停留，还是盘桓数日，仿佛都有一个"使命"在身，那就是，到扬州特殊教育学校去看望老师和孩子们。在看到了聋哑孩子刚劲有力的"桥墩"舞蹈之后，萧平先生立刻决定在扬州特殊教育学校设立了"萧平艺术奖"，以鼓励那些在各级各类艺术比赛中获奖的学生和辅导孩子成才的老师。他的善举赢得了全校师生的尊敬和爱戴。从那时起，每到年底，孩子们心中都会期盼一个人的到来，那就是他们敬爱的萧爷爷。每年元旦前后，无论天气多么寒冷，萧爷爷都会像圣诞老人一样如约而至。对孩子们来说，萧爷爷带来的不仅仅是物质上的奖励，更多的是春天般的温暖与精神上的鼓励。自"萧平艺术奖"设立以来，全校师生在省市及国家级比赛中屡获大奖，其中寄托了萧平先生太多的希望和鼓励。

萧平出席扬州特殊教育学校颁奖仪式

　　萧平先生不仅自己心系我校的孩子们，还积极发动了他在社会各界的好友们，希望能集聚更多人，汇集各界更多力量，为残疾孩子们做点实实在在的事情。2005年，萧平先生的挚友李元骏、林建华伉俪受萧平先生之邀，为我校出资三十万元，建立为期十年的"李元骏、林建华助学金基金"，与萧平先生一道共同帮助残疾孩子、鼓励教职工。正是他们播撒的爱心，照亮了我校孩子们的未来。

　　萧平先生不仅自己关爱我校的师生，还把这份对残疾学生的爱传承给自己家中的每一个成员。他曾带着夫人、女儿、女婿，来看望他牵挂着的这群聋盲学生。那年冬天，在瑟瑟寒风中，萧平先生偕家人数人的车队从南京一路开到扬州。车上大包小包装着的全都是给我校孩子们过冬用的棉被、羽绒服、毛毯等物品，总价值有几万元。因为一辆车装不下，萧平先生连同女儿、女婿，举全家之力，用私家车组成一个车队给运来了。片片爱心，缕缕深情。就是这样一位闻名全国的大书画家，用如此质朴温暖的行动，不仅给孩子们带来了温暖的冬衣，还带来了拳拳爱心。

　　对于萧平先生来说，扬州特殊教育学校的每一个孩子都如同他的亲生孩子，孩子们的每一点进步、每一份成功，都和萧爷爷的关心息息相关。2011年12月3日，萧平先生于百忙之中来到扬州，参加学校毕业生谭伟海"感恩·圆梦"笛子独奏表演。悠扬的笛声在音乐厅回荡，一曲曲精彩的演奏，赢得在场观众的热烈掌声。谭伟海在校期间多次获得"萧平艺术奖"的最高奖项，现在已经是中国残疾人艺术团首席笛子独奏演员。他的成长仍然时刻牵动着萧爷爷的心，看着台上笛子演奏技艺日臻成熟的谭伟海，萧平先生在台下心潮澎湃，欣然泼墨，作诗一首，勉励他继续攀登新的艺术高峰。

　　2016年，扬州特殊教育学校搬迁，由原来的市中心搬到了距离原校址很远的地方。在新校区刚刚投入使用第一年，萧平先生就迫不及待地赶来了，来看看孩子们在新环境的学习生活情况，关心全体师生的身心发展。而后，萧平先生继续着他的爱心大业，依然会每年亲自前来，看看孩子们，望望老师们。萧平先生支持特殊教育事业发展，以实际行动传承中华传统美德，用爱心善举弘扬社会道德风尚。

带　徒

萧平先生是全国著名的书画大师，但是他一点也不吝啬自己的才华。2006年，萧老师个人出资2万多元在学校设立"萧平爱心画室"，用于帮助学校有志于书画艺术的残疾学生。为了让学生们在艺术方面有所进步，他还亲自指导。我校聋生朱骏从小学画，萧老师看到认真好学的小朱骏，主动提出要收小朱骏作为自己的弟子。小朱骏得知消息后兴奋得半夜起来作画要送给萧老师。有了萧老师的指点，小朱骏的书画水平突飞猛进，尤其在国画方面取得了新的突破，书画作品多次在全省、全国获奖。2009年，朱骏顺利考上了长春大学特教学院国画系。2013年，朱骏从长春大学毕业后，又回到母校，成为了一名深受学生喜爱的老师。萧老师收聋孩子为弟子，扬州各大媒体争相报道，成为扬州城的一段佳话。

2017年10月中旬，萧平老师自掏腰包为朱骏等徒弟们在滁州美术馆举办"大江北·爱莲居师生书画展"，随后，又为吴汉华和朱骏在南京办了"无声书画——吴汉华、朱骏书画双人展"。萧平老师积极联系至真堂美术馆章馆长，最终获得了免费为聋人徒弟办展的机会。萧平老师还特地邀请到了省国画院的相关艺术家和省残联的相关领导参加了开幕仪式。

在朱骏心中，萧平老师是治学严谨、关爱学生、追求真善美的楷模。他在艺术上的造诣，在朱骏心中就像一座巅峰。萧平老师用自己的言行不断影响、指引和激励着朱骏。朱骏的愿望，就是要成为像萧平老师一样的人，用自己的力量照亮聋盲孩子的路，尽自己的绵薄之力帮助在困难中的人。

资　助

自萧平老师担任扬州特殊教育学校名誉校长以来，总计为学校筹集善款近百万元，并且这项善举还在一直延续。不仅如此，为了学校的发展，他多次泼墨挥毫，赠送给捐助学校办学的社会友人。凡是学校有所要求，他必会爽快答应。然而每次来到扬州，学校想尽一点地主之谊，留他吃顿便饭，都被他一次次婉言谢绝了。在很多人看来，萧平老师是有些书生气的，但正是这种书生气，折射出他内心的博大与高洁。

丁爱华老师在2006年荣幸地获得过"萧平艺术奖"的荣誉称号。每年有好几十上百名学生老师获得该奖。在别人看来，丁爱华老师只是受到萧平先生帮助的许多人中的小小一员，但是，萧平先生却记住了这个有听力障碍的丁老师。萧平先生一直关注着丁老师的工作、生活。每次来学校总是鼓励丁老师，语重心长地对丁老师说："教好学生，做一名合格的人民教师。"还经常邀请丁老师有空到南京的家里做客。

十年前的一天，丁老师终于鼓起了勇气，忐忑地踏进萧老师家中。萧平先生非常热情地请自己夫人邹老师和丁爱华老师交流，而他自己搬来茶具，盛情地请丁爱华老师品茶。看着萧老师那优雅地洗茶、沏茶、品茶的动作，古典清韵。丁老师一下喜欢上了茶道那份宁静与安逸了。

萧老师见丁老师如此痴迷于茶艺表演形式，极有耐心和风度地多次演绎起来。临告别时，萧老师鼓励丁老师说，他觉得茶艺特别适合聋人在无声世界里面进行表演，那是一种美，一种艺术。

从此，丁老师与茶、与萧老师结下了这份茶缘。

在萧老师的鼓励下，丁老师努力学习着茶的文化，参加了全国青少年茶艺师资培训班，参加省、市残联组织的各种茶艺培训，在萧老师的谆谆教诲下，丁老师苦练茶艺，最终在全国大赛中获得了第五名的优异成绩。

经萧平先生和各方努力，学校的职业教育课程也增设了茶艺专业。萧平先生更是私人相助三千元。萧平先生说："我只是尽自己的力量，培养孩子们对茶艺的兴趣，丰富他们的精神世界，相信他们在学校的教育培养下，孩子们未来的路一定能够走得更好！"

萧平先生不仅关心我校的老师，更心系我校的孩子们。在他的关爱和鼓励下，艺术教育已经成为学校的特色教育，一批批残疾孩子走上了艺术成才之道。

先天失明的陈祉旭自2010年来到我校求学，就一直接受着萧平先生的资助，参加了学校的管乐团后，他每年最期待的时刻，便是萧平老师来到扬州特殊教育学校，听一听他演奏的曲子，温暖他和所有盲生管乐团的孩子们，他们都有一个梦想——盲人音乐家。萧平先生每次在听完他们演奏之后，都会亲切地和他们聊天，谈生活，聊梦想。在萧平老师多年的鼓励和关爱下，陈祉旭获得了"第十四届宋庆龄奖"，乐团2013年、2017年获得全国残疾人文艺汇演一等奖，2018年获得江苏省第六届中小学生艺术展演一等奖，2018年和2019年获得全国管乐协会颁发的中华杯全国优秀管乐团队展演示范乐团。扬州特殊教育学校盲人管乐团获得的荣誉，离不开萧平老师点点滴滴的关心和资助。

萧平先生一直把我校"背着一个书包进来，带着一门手艺出去"的宗旨记在心里，所以，对学生们职业学习的情况也记挂于心。他每次来到我校，都要看一看孩子们按摩的手艺学得怎么样了，聋哑孩子烹饪和做服装的技术有没有提高。这些孩子们也特别为萧平老师争光。2019年6月，学习烹饪的聋哑孩子陈宏坤，参加各类残疾人职业技能比赛，几乎囊获所有比赛的奖项和荣誉称号。他获得的荣誉称号有"江苏青年岗位能手""江苏省优秀共青团员""江苏省五一创新能手"等，还是第一位获得"扬州十大杰出青年"称号的中学生。陈宏坤在校期间，每年都能得到萧平先生的资助，所以他说，这些功劳不仅属于学校，属于自己，更是属于萧平老师的。现在，陈宏坤在扬州冶春餐饮集团已经是一名骨干。像陈宏坤一样受助于萧平老师，最后成为对社会有用的人来报答萧平先生的特校学子还有很多很多。在他们离开学校，成就了自己一番小事业的时候，他们都会想起每年寒冬来给他们送温暖的萧爷爷。

大道自然，大德质朴。萧平老师的书画作品，有兰叶清幽之俊逸，新竹摇曳之婆娑，古朴之中见大气。在人生之路上，年届八十的萧老师更显静水深流、光而不耀之风范。萧老师关爱聋盲孩子的善举，正在演绎着教育界、书画界的一段大爱！

因"缘"际会　为爱而来

王　琦

依然清晰地记得，十几年前的那个午后，阳光不热不燥，院子里枝繁叶茂，一切仿佛都被安排得刚刚好，在南京莒蓿园大街紫金山水苑，我第一次见到了萧平先生和其夫人邹正玉女士。

未谋面前，总以为艺术家必然恃才放旷、清高自傲，没想到先生却是位温润如玉、儒雅俊朗的谦谦君子，轻言慢语中消解了我们首次见面的尴尬与陌生。记得那年我还担任着扬州市聋盲学校副校长职务，适逢学校更名，经校友聋人画家吴汉华介绍认识了先生。登门拜访之前在电话中我们委婉地表达了请先生题写新校名的想法，因而先生事先已经知道我们那次拜访的目的，谈话间不仅没有半点厌烦，还细细询问学校办学情况，一行人本是为化缘而来，终了却是先生主动提出要为学校解决诸多困难。

"萧平，字戈父，祖籍扬州"，先生在各种场合总不忘介绍自己的根在扬州。虽未出生于斯，许是血液中浸润着扬州文脉，竟令他始终对祖籍之地抱有深深的眷恋。且不说他对扬州书画界、收藏界文化人士的照拂，与学校结缘以后，更是把扬州残疾学生时常记挂在心上，从"李元骏、林建华奖助学金"的设立到延续至今的"萧平艺术奖"，无不饱含着他对扬州这片土地上残疾弱势群体的拳拳爱心。

先生在艺术界声名显赫，不仅书画造诣深厚，而且在鉴赏方面素有"江南一眼"之美誉，慕名求教求学者络绎不绝，活动之多，事务之繁杂可以想象。难能可贵的是，十多年来，每年年底他都会和夫人邹正玉女士抽空专门到学校看望师生，送去奖学金，有时还会带上儿女，给残疾学生送上慰问品。最难忘那年冬天，恰逢先生七十寿辰，他不仅给学校师生送来了奖助学金，还另外捐赠一笔钱给学生中午加餐。那天学生用餐情形，时至今日依然还历历在目：当先生和夫人走进餐厅看望学生时，孩子们纷纷起立，用他们无声的语言——手语，表达着对先生和夫人的感激和崇敬！

物质上的支持可能会解决残疾学生一时之难，而智慧上的启迪则有可能会影响他们的一生。先生设立"萧平艺术奖"的初衷便是鼓励学校有艺术天赋的师生在艺术道路上要有所追求。一次"萧平艺术奖"颁奖仪式上，学校一名听障孩子突然提出要向先生学国画。正当我们担心学生行为太过唐突之时，不料先生竟毫不犹豫收下了这名学生，并在之后的十多年里悉心加以教导。先生不会手语，为学生个别指导时几乎都是用笔谈，十多年过去了，笔谈的纸张早已垒起厚厚一摞。在先生的引导下，这名学生后来考上了长春大学特殊教育系专门学习国画，如今，他已成为母校一名优秀的书画教师，并继续在艺术道路上不断前行。

先生爱莲，平日作画的房间唤作"爱莲居"。在我看来，先生的人品更像那高洁素雅不入俗流的莲花，在纷繁浮躁的现实世界里坚守着内心的那份清净与纯粹。先生的德与艺皆给我们以启迪，正是因为对弱势群体有着悲天悯人的胸怀，他的书画作品才会时而散发出一种洒脱空灵之气，时而展现出一种磅礴千里之势。

十多年的时间如白驹过隙，记忆中的片段碎锦，散发出如莲的芬芳。感佩于先生和夫人的为人，亦承蒙他们不弃，与他们成为忘年交，虽不时常见面，感情却从未疏离，于我而言，幸甚至哉！

2021年2月8日深夜于扬州

（作者系扬州市特殊教育学校原副校长，现任职于扬州市教育科学研究院。）

我和萧平恩师的故事

朱 骏

少年时首次获得"萧平艺术奖"

故事要从2005年说起，那时的我还是15岁的少年，由于失聪，我从小就在扬州特殊教育学校就读。但这并不影响我对美术的爱好，对书法、绘画方面的特殊兴趣，让我在校内外的不少书画大赛中获奖。

2005年秋季，萧平恩师因一次偶然的机会与扬州特殊教育学校结缘，并担任我校的名誉校长，在我校成立了"爱心画室"，培养那些有艺术特长的师生。从那时起，萧平恩师还在特校设立了"萧平艺术奖"，奖励有艺术特长的学生和在艺术方面辛勤付出的特教教师。"萧平艺术奖"设立的第一年，当时才上初二的我就因为在书画方面的突出表现，成为首批获奖学生。

自"萧平艺术奖"设立以来，他每年自掏腰包两万多元用于奖金发放，并且每年都会到我校来参加颁奖仪式。很多学生在萧平恩师的鼓励下走上艺术道路，我就是其中的代表。

师从萧平恩师在绘画上突飞猛进

15年前，萧平老师有一次到我校看望师生，学校特地挑选了几个有一定书画基础的学生请萧老师指点，当时我写了几个字，萧平老师看了一眼，说："这是个好苗子呀！"后来他又看了我的几幅国画作品，校长见此情景建议萧平恩师重点关注我这个学生，萧老师思考片刻后决定收我为徒，指引我走上了艺术之路。从那以后，每隔一段时间，我在父亲的陪同下，带着自己的作品前往萧平恩师画室看望他并向他请教。我在他的指导下，涉猎各种绘画类型和风格。虽然我听不见，但是这也让我能全身心地沉下去，慢慢努力，刻苦钻研。刚开始时，萧老师让我临摹由他编写的《山水画传统技法解析二十种》，萧老师对我的要求是，要把中国历史上20位杰出的画家，其绘画特点和风格、代表作以及他们的故事，要达到熟记背临，我用了一年半的时间，终于达到了萧老师的要求。萧平恩师希望我把传统的基础打牢打扎实，接下来他要求我在绘画的意境上有所提高，这需要在画外做功课，提升文学修养和人文底蕴。我时刻牢记萧平恩师的嘱托，决心好好努力，争取在书画艺术道路上不断进步。

2009年，我以优异的成绩考入了长春大学特殊教育学院国画系。大学毕业后，我又回到母校任教，希望用我所学帮助和我一样的特殊学生。以前我当学生的时候获得过"萧平艺术奖"，如今已是教师的我，再度手捧"萧平艺术奖"，心中感慨不已。我作为获奖教师代表上台"发言"，用手语表达了自己的激动心情。从曾经的特校学生成长为特校教师，我成为了特殊学生们身边的励志榜样，这是萧平恩师最高兴的事，我把恩师的传承理念和传承精神正逐步传递给我的学生。

每年的三四月份，扬州繁花似锦，风景如画，萧平恩师都要来扬州作专题讲座。萧老师是研究扬州八怪的领军人物，我每次参加萧平恩师讲座，受益匪浅。每次讲座活动结束，我就把自己平时画的作品请他指正，他向我讲解作画过程中应该注意的方面。萧平恩师看了我的作品，点评道："现在的问题是什么呢？就是用笔上，用笔看上去好像不错，但是你的用笔节奏不分明，是最重要的问题。下笔要有趣，就必须加强它的节奏感。"说完当即在纸上演示给我看，并告诉我，什么是笔墨的高和低、雅和俗等区别。画看上去虽然挺好看，但是没有笔法，没有情趣，就是一个画匠，这个是最重要的一条。一定要有格调，格调是什么呢？高低和雅俗。"中国画主要讲几个问题，一是章法、布局。章法要做到平稳中有奇特，龚贤讲过两个字：安而奇，安就是平稳，奇就是奇特。二是笔法。下笔落墨要有节奏感，笔法中一定要含着书写的趣味。讲究力量、节奏，这些东西解决了，你的格调一定是高的、雅的，而不是俗的、低的，这是文人画与工匠画的区别。"我听了频频点头，萧平恩师讲解得清晰明了，使我又从中领悟到书画的许多奥妙之处。临走时，萧平恩师还不忘关心我的个人生活，谆谆教诲让我感受到了师长如父的真挚情感。

自掏腰包为弟子们办画展

2017年10月中旬，"大江北·爱莲居师生书画展"在滁州美术馆举办。此次展览的作品老师亲自审稿定案，近200幅作品风格迥异，取材新颖，是爱莲居同门弟子参加的规格最高、人数最多的一次展览，而且参展的作品都是老师掏钱为我们统一装裱，所有的场馆费、纪念品、印刷费、接待费用全部是萧平恩师自己付的，没让我们弟子花一分钱。

在滁州展上，萧老师把吴汉华和我叫到他身边，说等这次展览结束后你们俩准备在南京办一个"无声书画——吴汉华、朱骏书画双人展"。当时他就联系至真堂美术馆章馆长，请求他免费为我们办展。吴汉华和我带着精心创作的60多件作品，萧平恩师还出了6件精品为我们助阵。这次展览向观众展示了我们残疾人意志的坚，静默的美。萧平恩师还为我们邀请到了省国画院的相关艺术家和省残联的相关领导参加了开幕仪式。

总之，萧平恩师是一位我见过的治学严谨、关爱学生、追求真善美的楷模。他在艺术上的造诣，在我们心中就像一座巅峰，他用自己的言行不断影响着我们同门弟子，不断地指引我们，激励我们。

（作者系扬州特殊教育学校教师，师从萧平先生。）

丹青唱和
翰墨缘

DANQING CHANGHE
HAN MO YUAN

新罗风骨（1988 年）

大涤草堂图（1988 年）

罗两峰与方白莲（2000 年）

草书　郑板桥诗（2002 年）

弹指阁图（2004 年）

郑板桥赠金农

乱发团成字
深山凿出诗
不须论骨髓
谁得学其皮

乙未端午夜灯下书
老夫萧平七十三

隶书 郑板桥赠金农诗（2015 年）

江上草堂图（2017年）

雪后之大涤草堂图（2019 年）

田家泥饮之图（2020 年）

故乡有疫情 我心久难平
欲�份锺馗剑杀毒复康宁
闻扬州疫情不减反增心急如焚，把笔以老心先生之意画此聊以寄情耳
辛丑三秋後三月戈父写
瑷丘辛

钟馗图（2021年）

仲春之瘦西湖（2024 年）

先贤诗赠

赠萧平（1984年）

魏之祯

甲子小暑后一日，萧平吾兄讲学日美归来，小驻扬州，作此图，笔墨奇肆高古，观者叹服，因书短句，期附骥焉。之祯。

青藤八大有余韵，笔墨于今又一奇。
石上珍禽诗味永，幽兰蕉叶几人知。

赠萧平（1988年）

魏之祯

平弟工书画，精鉴赏而治学谨严，颇多领悟。盖富才华而又力学不息者，是以才近中年便已卓然成家，蜚声海内外。吾敬之爱之且欲效之，而终莫能及。愧悔之余，曾书俚句寄意，兹录奉一粲，并希斧正。戊辰小寒后一日，魏之祯并识。

文采风流萧伯子，丰神不减少年时。
未生白发先辞酒，才近中年便入诗。

谈艺屡惊海客座，画山能发叔明奇。

楼头夜半琴声起，知是抛书倦眼迷。

赠萧平（1985年）

李圣和

余识萧平同志已逾十载，今岁始知其为子贞先生之孙。子贞先生与先父梅隐公为至交，余少时亦曾谒见。抗日战争后，音问遂绝，今日悉此，不禁以喜以慰，赋诗一律奉赠。乙丑冬日，圣和并识。

父执昔时曾奉谒，孙枝今日又相陪。

十年始识通家好，三绝争传盖世才。

艺苑二难堪比美，海天万里看腾飞。

嗟余白发垂垂老，更为开怀进一杯。

题萧平书画展览

李亚如

淋漓奔放创神奇，笔底纵横出化机。

自有心胸生妙趣，盛年佳作誉交驰。

画卷题跋

《四时墨花卷》

金陵畫家多難數萧平先
生心狗許然人而能而不能是今日
今古不右雪個山石清湘水吳忘
賣畫出真美以注元与六法迫
調高為寫群芳譜離騷蘭葉
盛薈伴籬菊桂花皎潔法山之撇
偕竹數枝葉飛勁与葉石榴離
苞莖白蓮澤雲清韻遠寒透老
梅暗香飄芳馨盈緣不具述年而
朱到意乙丑要涩本色見真顏不屑
浮華紅与綠前月遠踏漾江頭
仰奉先賢遠大步白陽壽敢青藤
境界新興會淋漓氣氳氤血成
持贈管天人怡佳花甲慶生辰
文章知己者文親畫荟長存天地春
萧平先生花卉長荟
丙戌中秋月印上彬桃謹題於京華

192

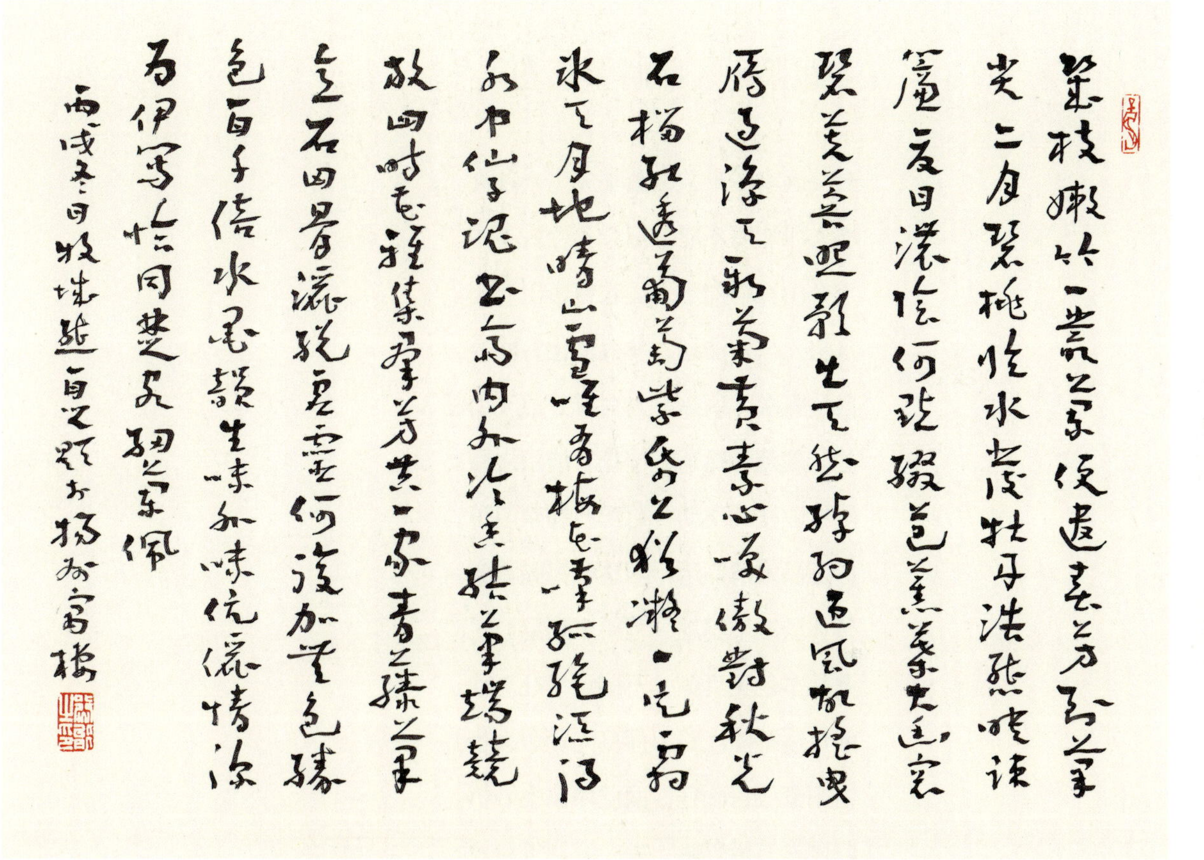

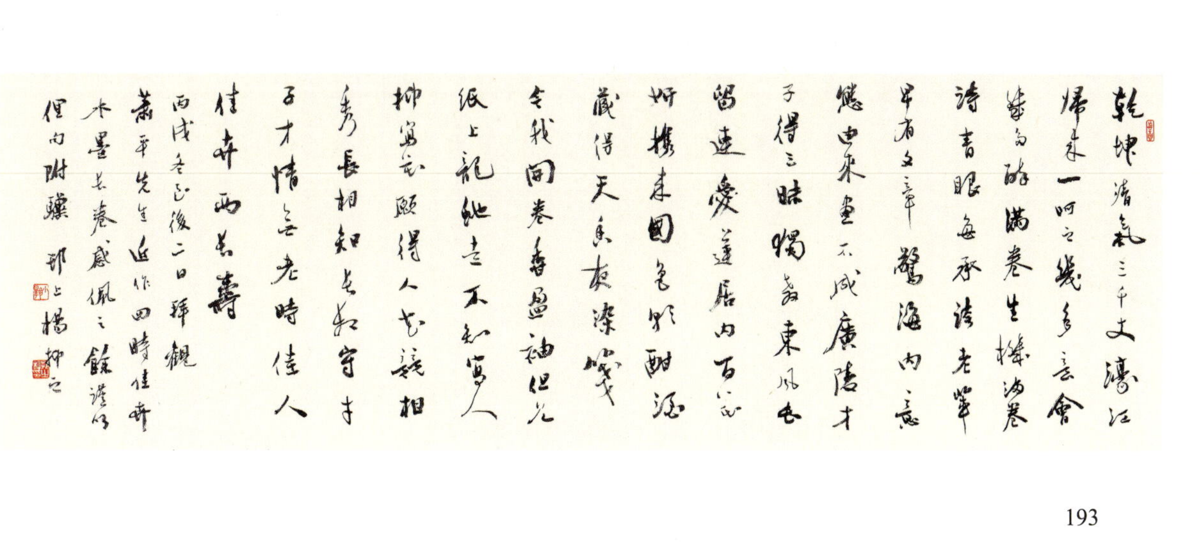

跋萧平《四时墨花卷》

金陵画家多难数，萧平先生心独许。

能人所能所不能，日今不今古不古。

雪个山石清湘水，吴衣曹带出真美。

八法元与六法通，参究造化穷原委。

自是胸次才调高，为写群芳谱《离骚》。

兰叶葳蕤伴篱菊，桂花皎洁山之椒。

修竹数枝叶飞动，芍药石榴杂芭蕉。

白莲澡雪清韵远，寒透老梅暗香飘。

芳馨盈纸不具述，笔所未到意已足。

要从本色见真颜，不屑浮华红与绿。

前月远踏濠江路，仰慕先贤迈大步。

白阳豪放青藤狂，面壁摩挲生妙悟。

归拂素笺境界新，兴会淋漓气氤氲。

画成持赠管夫人，恰值花甲庆生辰。

文章知己老更亲，画卷长存天地春。

萧平先生花卉长卷。丙戌冬月，邗上秋水拜题，年八十有四。

（李秋水，书画家、诗人，林散之先生女婿）

几枝嫩竹一丛兰，便遣春芳到笔尖。

二月碧桃临水发，牡丹浩态映疏帘。

夏日浓阴何点缀，芭蕉叶大幽窗碧。

芙蓉照影出天然，绰约迎风故摇曳。

雁过凉天新菊黄，素心笑傲对秋光。

石榴红透葡萄紫，纸上犹凝一片霜。

冰天月地晴山雪，唯有梅花叹孤绝。

添得水中仙子魂，书斋内外冷香结。

笔端竞放四时花，雅集群芳共一家。

青藤笔意石田骨，洒脱虚灵何复加。

无色胜色百千倍，水墨韵生味外味。

伉俪情深为伊写，恰同楚客纫兰佩。

丙戌冬日，牧城熊百之题于扬州寓楼。

（熊百之，书法家、诗人）

乾坤清气三千丈，濠江归来一呵之。

几多意会几多醉，满卷生机满卷诗。

青眼每承夸老辈，早有文章惊海内。

意态由来画不成，广陵才子得三昧。

独教东风长留连，爱莲居内百花妍。

携来国色朝酤酒，藏得天香夜染笺。

今我开卷香盈袖，但见纸上龙蛇走。

不知写人抑写花，愿得人花竞相秀。

长相知，长相守，才子才情无老时，佳人佳卉两长寿。

丙戌冬至后二日，拜观萧平先生近作四时佳卉水墨长卷，感佩之余，谨吟俚句附骥。邗上杨抑之。

（杨小扬，书画家、诗人）

《黄岳松云图》

雲藏松黄

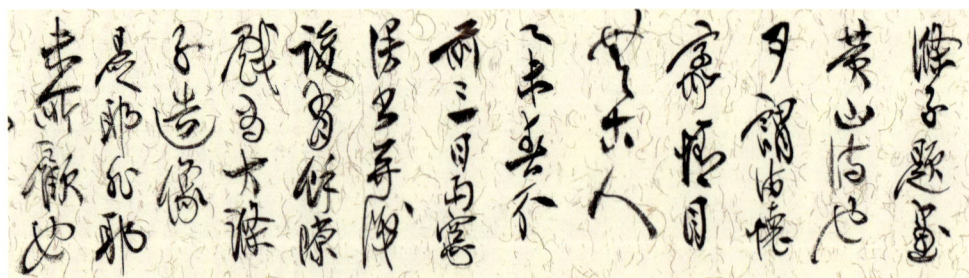

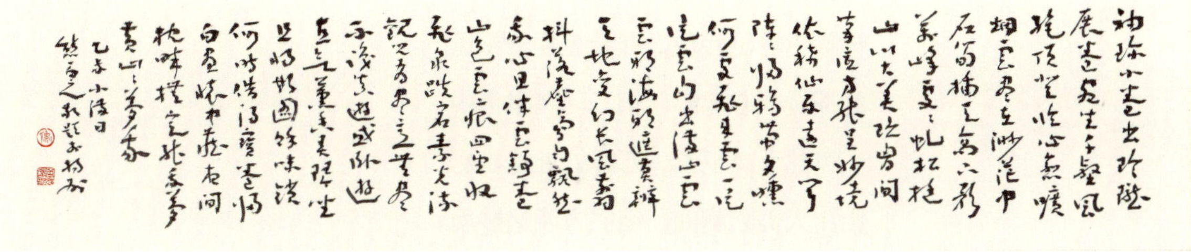

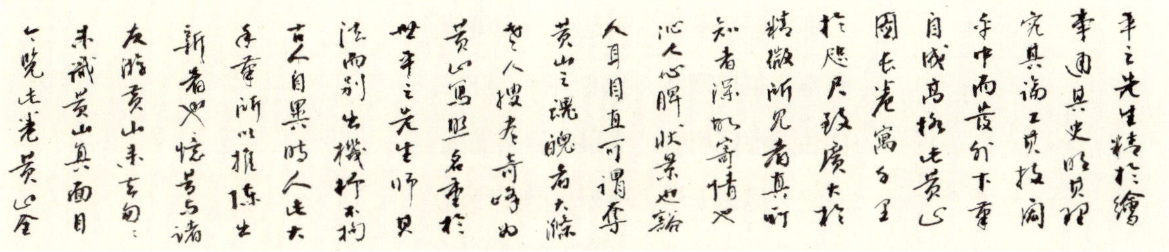

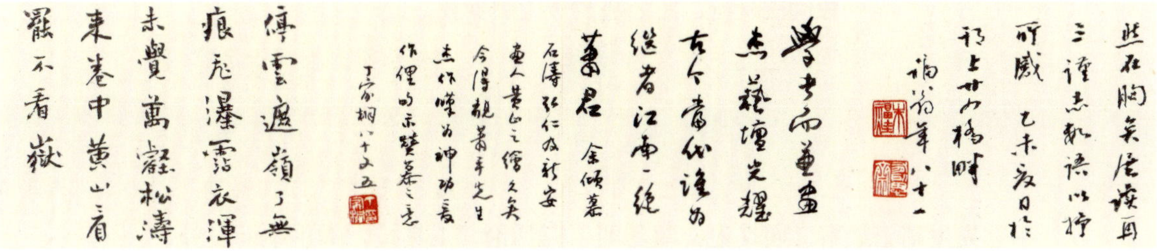

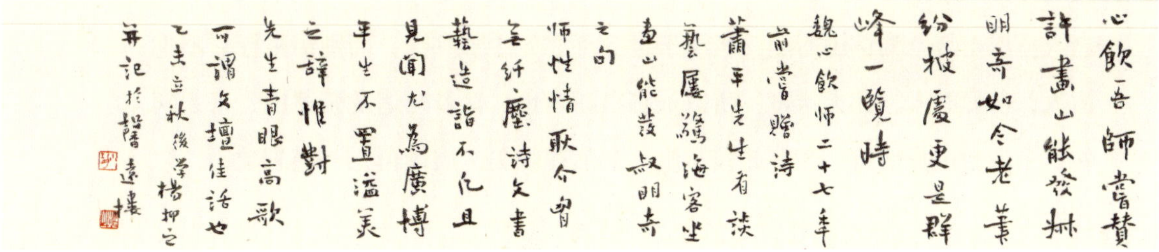

袖珍小卷出玲珑，展卷宛生千壑风。

绝顶登临心愈旷，烟云尽在渺茫中。

石笋插天高下影，万峰处处虬松挺。

山川大美贮胸间，笔底方能呈妙境。

依稀仙乐远天闻，阵阵归鸦带夕曛。

何处飞来云一片，片云勾出满山云。

云耶海耶遮莫辨，天地变幻长风翦。

抖落尘氛自飘然，我心且伴云舒卷。

山色云痕四望收，飞泉跌宕素光流。

观之有尽意无尽，不识真游或卧游。

直欲薰香弄琴坐，且将斯图馀味锁。

何时借得宝卷归，白昼怀中藏，

夜间枕畔抚，定能我梦黄山山梦我。

乙未小满日　熊百之敬题于扬州

　　平之先生精于绘事，通其史，明其理，究其论，工其技，闳乎中而发外，下笔自成高格。此黄山图长卷，寓千里于咫尺，致广大于精微，所见者真，所知者深，故寄情也沁人心脾，状景也豁人耳目，直可谓夺黄山之魂魄者。大涤老人搜尽奇峰，为黄山写照，名重于世。平之先生师其法，而别出机杼，不拘古人，自异时人，此大手笔，所以推陈出新者也。忆昔与诸友游黄山，来去匆匆，未识黄山真面目，今览此卷黄山，全然在胸矣。展读再三，谨志数语，以抒所感。

乙未夏日于邗上廿四桥畔　福翁年八十一

学书而兼画杰，艺坛光耀古今。

当代谁为继者，江南一绝萧君。

余倾慕石涛、弘仁及新安画人黄山之绘久矣，今得睹萧平先生杰作，叹为神功，爰作俚句，示赞慕之意。

丁家桐八十又五

停云遮岭了无痕，飞瀑霭衣浑未觉。

万壑松涛来卷中，黄山看罢不看岳。

心饮吾师尝赞许，画山能发叔明奇。

如今老笔纷披处，更是群峰一览时。

魏心饮师二十七年前，尝赠诗萧平先生，有"谈艺屡惊海客座，画山能发叔明奇"之句。

师性情耿介，胸无纤尘，诗文书艺造诣不凡，且见闻尤为广博，平生不置溢美之辞，惟对先生青眼高歌，可谓文坛佳话也。

乙未立秋　后学杨抑之并记于馨远楼

题《临富春山居图》

画卷几时合，平子笔墨酬。青山隐隐出，绿水缓缓流。两岸林木茂，天畔云悠悠。我因耄耋至，卧作富春游。

癸巳初春，扬州八二叟吴树。

黄公望《富春山居图》为中国山水画长卷之翘楚，经大陆浙江与台北两帧合璧后，更为世人所关注追捧。今得以拜观当代著名书画鉴定大家萧平先生所临《富春山居图》数十余尺长卷，运笔恣意，一气呵成，信手拈来，气韵生动，叹才高艺胆大，恍若大痴再现。此帧手卷为萧平先生难得之精品，可宝可藏矣。

癸巳仲秋于金陵，孙晓云识。

画至唐宋法大备，名家纷出分其类。潜师造化肇自然，十三科中山水最。元季画坛聚星灿，各具面目不相犯。其中大痴富春图，流传有序众口赞。笔墨钩勒山川魂，绮丽之极转幽淡。白云深处梵宇藏，山鸟争鸣岩花放。石质尤存太古气，高士钓台仰风范。峰峦绵亘列屏障，奇松怪石难名状。草木华滋涧泉流，村墟豁出地平旷。时闻樵歌和渔唱，尘虑涤尽江浩荡。此本曾见王翚手亲临，精心钩摹存其真。今见萧君所临，纵横挥洒得其神。前后相辉映，无异凤与麟。萧君曾读万卷书，跋涉万里路。见闻既广腹笥富，才大艺高不外露，南北当今称独步。

题萧平先生《临富春山居图》，历阳老民九十一岁。秋水。

大痴画格天下重，清新逸迈跨两宋。数载经营一卷成，富春山居人称颂。几多展转几悲欢，曾叫君王冷眼看。万帧寓目萧戈父，半生相思一面难。破浪长风沧海度，大都会上真颜晤。台北故宫再留连，剩山完璧几回顾。归来摹写得神工，筲箕泉上爱莲风。试问前朝谁与似？惟见长洲白石翁。六十翁携七十叟，左拥修竹右香藕。双双笔下见精深，子久老人笑颔首。五百年来两流芳，谁人不羡

沈家藏。湖光山色共晨夕，纵阙南宫北苑又何妨。

壬辰大雪后二日，于江苏省美术馆萧平教授书画展上拜观此卷。越明年，沈君建南复持此卷莅舍下属题，细玩再三，欣然命笔。杨抑之于馨远楼。

君不见富春之水出山来，蜿蜒几曲不复回。君不见江上迭嶂层层立，草木华滋翠欲滴。人生之乐乐山川，四时常作眠云客。富春画卷次第开，大痴匠心当别裁。直呼山灵来纸上，解衣般礴何快哉。舣渔艇，近浅汀；有高士，坐凉亭。晓风杨柳岸，一览天光水色青。古木苍苍无人境，幽涧流泉迸作瑶琴鸣。满纸烟云生变幻，神物流传直至今。世间此画谁临得，最是萧君势相逼。形神兼备化天机，笔下能施陶钧力。胆识见，绍前修；性灵出，贵自献。心手得双畅，胸中丘壑涌不休。劝君多执玲珑笔，引我神游不时赴林邱。

癸巳春日，牧城熊百之敬题。

戈父痴翁六百年，富春佳境见真传。金陵文脉在虞山。墨妙笔精饶气韵，山长水远溯荆关。卧游留与后人看。调《浣溪沙》，余长戈父萧平一岁，相交四十年矣。岁不一见，而每见其艺必进。盖不独师法造物，尤能借径古人，不唯学养不凡，鉴画尤称具眼。故所临《富春山居图》，颇得无用师本神髓，于沈石田、沈朗倩、邹衣白、王石谷诸家外，别具一格也。拜观既竟，因题小词一阕，并跋数语志感。

时在癸巳五月，花甲又一纪，方壶老人后迟鸿轩主者薛永年。

黄公望《富春山居图》为世人熟知，然知其奥妙者则寥寥者也。吴湖帆先生曾珍藏其一段，现在大陆。萧平道兄精鉴赏，且又为书画大家，故对《富春山居图》尤为激赏。兄以飘逸之笔写图之精神，不求形似，而以神似为上，故该卷尤有清高之气也。兄盛名之下，以学者之精力，苦习传统，此卷可见一斑，钦佩至之。

癸巳三月，获观萧平兄《临富春山居图》卷，欣题数语于右。玉麟。

题《十老图》

国画理论殊深奥，笔墨之道是首要。

历来名家可谓多，得其静者始入窍。

萧平先生勤读书，学养功深近所无。

观其力作《十老图》，半出禅悟半出儒。

其中三老在漫步，五老观画神情注。

二老清谈自淡如，点缀参差数株树。

画面虚实巧安排，云影波光共徘徊。

楼台亭榭未显露，更无僮仆相追陪。

十老表情面目异，衣着钩勒皆古意。

今之俗手重名利，信笔涂抹当儿戏。

邢上九十有二秋水敬题

正值清和四月天，芭蕉摇绿柳生烟。

闹中取静行缓缓，十老相聚兴悠然。

五老已成醉心客，素怀幽赏赏名迹。

五老观景乐天真，且说且笑倚杖策。

更待集觞相容与，忽而吟哦兼题壁。

心远地偏回隔尘，浮生难得是闲适。

画中人物笔高超，远揖龙眠近瘦瓢。

萧师挥翰惊风雨，掀起广陵十丈潮。

盛世方多众老会，今披新作自通泰。

令我顿生向往心，此境宛在烟霞外。

　　　　　　　　　　甲午初秋牧城熊百之并题于邗上

　　纹宗先生致力书画之余，雅好收藏，所得当代名家之作甚夥，此卷为萧平先生手绘《十老图》。萧平先生精于书画赏鉴，知名博物界，所见既广，体味尤多，辨毫芒于目前，撷英华于胸臆，取精用宏，厚积薄发，故下笔自成高格，无不曲折尽意，非寻常之辈能望其项背者。观此图，寓灵动于谨严，呈多样于统一，自然浑成，神采各异，此所谓应物象形而气韵生动者也。展卷把玩，不胜欣悦，予不谙绘事，纹宗先生命志数语，略书所感如右。

　　　　　　　　甲午中秋于扬州二十四桥畔之一层楼　　福翁年八十

　　萧平先生，吾之师也。世人盛赞其书画鉴赏史论收藏皆秀出班行，成就斐然，喻之"古榕"。若他人有其一点，即可游识江湖，而况全能乎？当代罕有比肩者。然其儒风雅韵，仁者情怀，尤令吾辈尊崇。先生毕生浸润于翰迹典藏之间，游戏于笔墨情趣之中，以莲花为尚，惟真善美是求，绝顶聪慧。未入仕途，而为艺坛大家，声名日隆，远播海内外，上可达侯，下及庶民，求之者甚众，或书画，或鉴定，或撰文，或讲学，均勉力成全。又多慈善义举，倾心公益，近虽古稀，而回报社会、提携后学之心更甚，诚为高尚士之为也。吾亦爱书画，得其点拨，虽无缘行拜师之仪，而师生之谊久矣。右卷乃先生去岁为吾所作，运思精妙，设色清丽，顾盼有致，神采照人，是为精品，吾受之，亦喜亦愧。为郑重计，特延请诸名贤题跋记咏，并宝之、藏之、传之矣。

　　　　　　　　　　　　　乙未夏日邗上卜纹宗补记

附 录

萧平题匾额楹联

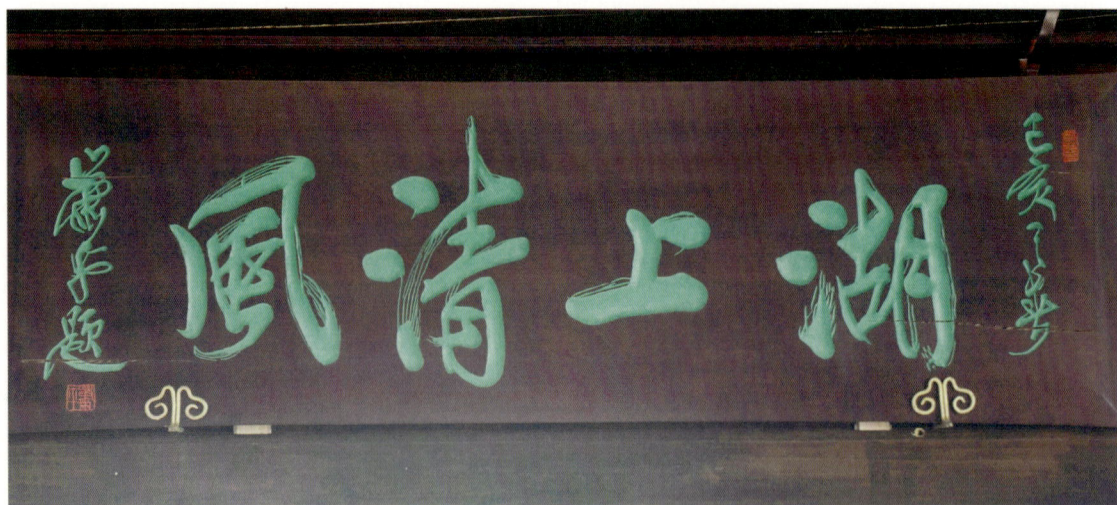

题瘦西湖"湖上清风"匾额

题瘦西湖"吹香亭"匾额

题瘦西湖"吹香亭"楹联（柳占三春色；荷香四座风）

为个园题抱柱楹联（传家无别法，非耕即读；裕后有良图，惟俭与勤）

题史可法广场联额（梅花遗香在；英雄浩气存）

题北湖湿地公园北湖文苑（考古超韩柳；传经比向歆）

题江苏省扬州技师学院校名

题扬州市特殊教育学校校名

（以上图片为马恒福摄）

为个园题跋（画竹如写个，叠个声萧萧，忽尔思板桥，烟林发一啸，游扬州个园口占。个园，广陵名园也，遍种佳竹，故以"个"名园右园之石额也。邗上江轸光先生所书殊佳妙。壬寅初秋萧平识。）